Aschingers „Bierquellen" erobern Berlin
Aus dem Weinort Oberderdingen in die aufstrebende Hauptstadt

„Beste Qualität bei billigstem Preis"

Aschingers „Bierquellen" erobern Berlin

Aus dem Weinort Oberderdingen in die aufstrebende Hauptstadt

von Karl-Heinz Glaser
unter Mitarbeit von Erwin Breitinger und Thomas Nowitzki

ifu – verlag regionalkultur

Titelbildnachweis: *August Aschinger (Landesarchiv Berlin); Carl Aschinger (Landesarchiv Berlin); Oberderdingen in den 1920er Jahren (Gemeinde Oberderdingen); Berlin, Leipzigerstraße um 1910 (Karl-Heinz Glaser); Aschinger's 6. Konditorei um 1910 (Karl-Heinz Glaser)*

Bibliographische Information der Deutschen Bibliothek
Die Deutsche Bibliothek verzeichnet diese Publikation in der Deutschen Nationalbibliographie; detaillierte bibliographische Daten sind im Internet über http://dnb.ddb.de abrufbar.

Gesamtherstellung	verlag regionalkultur (vr)
Satz	Katrin Hammerstein (vr)
Lektorat	Judith Knöbel-Methner, Stutensee
Endkorrektur	Karin Siemers (vr)
Umschlaggestaltung	Cornelia Böhm (vr)

ISBN 3-89735-291-5

Diese Publikation ist auf alterungsbeständigem und säurefreiem Papier (TCF nach ISO 9706) gedruckt entsprechend den Frankfurter Forderungen.

© 2004. Alle Rechte vorbehalten.

verlag regionalkultur
ifu – Institut für Unternehmensgeschichte
Heidelberg – Ubstadt-Weiher – Basel

Korrespondenzadresse:
Stettfelder Straße 11 • 76698 Ubstadt-Weiher • Telefon (0 72 51) 6 97 23 • Fax 6 94 50
eMail: kontakt@verlag-regionalkultur.de • Internet: www.verlag-regionalkultur.de

Vorwort

Die älteren Berliner erinnern sich noch gut an „Aschinger", an die Schnellrestaurants mit der legendären Erbsensuppe und den heißen Würsten für wenig Geld. Doch was sich bis in die 1980er Jahre in West-Berlin, beispielsweise am Bahnhof Zoo, erhalten hat, ist nur ein schwaches Abbild der einstigen Größe und Bedeutung, die Aschinger mit seinen „Bierquellen" im Berlin des Kaiserreichs zukamen. Nach 1892 eröffneten die aus dem württembergischen Oberderdingen zugezogenen Brüder August und Carl Aschinger in rascher Folge rund 30 dieser billigen, aber durchaus vornehm eingerichteten Lokale an den pulsierenden Straßen und Plätzen der Hauptstadt. In den 1920er Jahren arbeiteten über 4.000 Menschen für den Gaststätten- und Hotelkonzern, der seit 1900 als Aktiengesellschaft firmierte.

Es hat sehr viel Spaß gemacht, dieser spannenden und „schmackhaften" Erfolgsgeschichte nachzugehen, zumal im Landesarchiv Berlin der umfangreiche und vorbildlich erschlossene Aktenbestand des Unternehmens lagert. Michael Klein hat das – jeden Benutzer zunächst überwältigende – Material grundlegend neu geordnet, ein Findbuch erstellt und eine instruktive Einleitung zur Geschichte Aschingers verfasst. Für die einführenden Gespräche und nützlichen Hinweise danke ich ihm sehr. Ebenso gilt mein Dank den stets hilfsbereiten Mitarbeiterinnen und Mitarbeitern des Lesesaals und der Fotostelle des Landesarchivs. Außerdem lässt sich nicht in jedem Archiv so angenehm arbeiten, wie in dem vorbildlich sanierten ehemaligen Industriegebäude.

Das Heimatmuseum Treptow hat bereitwillig Abbildungen zur Berliner Gewerbeausstellung 1896 zur Verfügung gestellt, wofür ich ebenfalls danke. Die große, von über sieben Millionen Menschen besuchte Ausstellung kann bereits als Durchbruch für Aschinger bezeichnet werden. Vier Jahre nach der Gründung hatten es die beiden Brüder auf ein Dutzend Lokale im Berliner Zentrum gebracht und sorgten auch im Treptower Park für die günstige und schnelle Bewirtung vieler Besucher.

Für zum Teil entlegene Quellen- und Literaturhinweise danke ich Uwe Spiekermann vom Institut für Wirtschafts- und Sozialgeschichte der Georg-August-Universität Göttingen, der auch wichtige Hinweise zur sozialgeschichtlichen Einordnung Aschingers als einem „integralen und doch herausragenden Teil der kommerziellen Veränderungen in der Außer-Haus-Verpflegung" der schnell wachsenden Industrie-, Finanz- und Verwaltungsstadt Berlin gab. Weitere Hinweise verdanke ich dem Berliner Historiker Harald Dehne.

Der Name Aschinger ist natürlich auch im ehemals württembergischen und heute badischen, also ganz und gar baden-württembergischen Oberderdingen allgegenwärtig. Die Gemeinde erinnert mit dem im stilvoll renovierten Geburtshaus eingerichteten Museum Aschingerhaus an die Geschichte ihres berühmten Sohnes und Ehrenbürgers August Aschinger. Nach ihm sind auch die Kulturhalle und eine Straße benannt. Der Historiker Johannes Goldschmit hat im Auftrag der Gemeinde die Konzeption für das Museum erarbeitet und wichtige Grundlagenarbeit zur Thematik dieses Buches geleistet. Ich konnte auf ein Manuskript zur Unternehmensgeschichte und Recherchen zum Fotobestand zurückgreifen, wofür ich ihm sehr danke.

Ohne die Unterstützung der Gemeinde Oberderdingen, namentlich von Bürgermeister Thomas Nowitzki und des Gemeinderates, wäre die Herausgabe dieses Buches nicht möglich gewesen. Danken möchte ich auch dem früheren Bürgermeister Erwin Breitinger, der sein großes orts- und familiengeschichtliches Wissen mit einem Beitrag zum Werdegang der Familie Aschinger in Derdingen eingebracht hat. Ebenso danke ich den freundlichen und hilfsbereiten Mitarbeiterinnen und Mitarbeitern der Gemeindeverwaltung, wobei ich Martina Schütz und Inge Dittes besonders erwähnen möchte.

Der verlag regionalkultur hat großes Verständnis für die Zeitprobleme eines vom Thema begeisterten Autors gezeigt. Für die kompetente Betreuung des Buchprojektes danke ich der Verlagsleitung ebenso wie Katrin Hammerstein und Jürgen Weis. Es ist ein, was Layout, Druckqualität und Verarbeitung angeht, sehr ansprechendes Buch entstanden.

Schließlich noch ein Wort zu Berlin: Die Entfernung zwischen der badischen Heimat und der Hauptstadt schien zunächst ein Hindernis für die Recherche zu sein. Der Weg wurde jedoch immer leichter, je öfter ich in Berlin war und je mehr ich mich in der faszinierenden Stadt wohl gefühlt habe. Es gibt viele gute Gründe, Berlin zu besuchen, nicht nur wegen des Landesarchivs und der ebenfalls gerne genutzten Staatsbibliothek. Vielleicht werden aber auch einige Berliner durch die Lektüre dieses Buches angeregt, die Heimat der Brüder Aschinger, Oberderdingen und die Kraichgauer Hügellandschaft, kennen zu lernen. „Bierquellen" gibt es hier nicht, aber sehr gemütliche Weinlokale mit durchaus noch ländlichen Preisen.

Karl-Heinz Glaser

Inhalt

1	Einleitung	9
2	Oberderdingen im 19. Jahrhundert	13
3	Berlin wird Weltstadt	19
4	Aschingers Bierquellen erobern Berlin	29
5	Der Durchbruch – Die Gewerbeausstellung 1896	45
6	Qualität aus einer Hand – Die Aschinger-Zentralbetriebe	65
7	Aschinger wird zur Aktiengesellschaft	77
8	Das Weinhaus Rheingold – Prestigeobjekt und Sorgenkind	83
9	Der frühe Tod der Bierquellen-Gründer	103
10	Erster Weltkrieg und Inflation	107
11	Expansion, Krise und Sanierung im „Dritten Reich"	111
12	Das Ende	127
13	Aus ärmlichsten Verhältnissen – Zur Familiengeschichte Aschinger Erwin Breitinger	133
14	Das Museum Aschingerhaus	141
	„Oberderdingen hat Lust auf die Zukunft" Thomas Nowitzki	147

Chronologie	149
Anmerkungen	152
Quellen und Literatur	156
Bildnachweis	160

1 Einleitung

Aschinger in Berlin – das ist eine Erfolgsgeschichte so recht nach dem amerikanischen Filmtraum „Vom Tellerwäscher zum Millionär". Sogar die Branche stimmte, denn August Aschinger war gelernter Koch, sein Bruder Carl arbeitete in seinen ersten Berliner Jahren als Kellner.

Völlig mittellos kamen die beiden verwaisten Brüder aus der beschaulichen württembergischen Obst- und Weinbaugemeinde Oberderdingen in die Reichshauptstadt, eröffneten 1892 ihre erste Stehbierhalle und gehörten 15 Jahre später mit 30 „Bierquellen", zahlreichen Konditoreien, dem Luxushotel Fürstenhof und dem Weinhaus Rheingold schon zu den größten Gastronomen Europas.

Wie lässt sich dieser einmalige Erfolg erklären? Eine oft gestellte Frage, die leicht zu plakativen Antworten verführt, etwa wenn von der ersten Fast-Food-Kette der Welt die Rede ist. Natürlich gab es in den Aschinger-Filialen „schnelles Essen" in gleichbleibender Qualität. Aber das erklärt nicht alles und solche modernen Begriffe verstellen zudem den Blick auf die historischen Gegebenheiten. Viel spannender ist die Analyse der reichlich sprudelnden Quellen und der zeitgenössischen Wahrnehmung Aschingers.

Die Presse interessierte sich spätestens seit 1896, dem Jahr der Berliner Gewerbeausstellung, stark für die Bierquellen, von denen es bereits ein gutes Dutzend in der Innenstadt gab. Meistens waren es wohlwollende und anerkennende Berichte, schließlich konnte niemand den Erfolg der Aschinger-Lokale bestreiten, zu deren Gästen unter Umständen ja auch die eigene Leserschaft gehörte. Die Journalisten begnügten sich aber häufig nicht mit einer schwärmerischen Beschreibung der Bierquellen, ihrer günstigen Preise und ansprechenden Einrichtung. Ebenso wie wir heute wollten auch sie wissen, warum sich Aschinger so schnell ausbreiten konnte und so großen Zulauf hatte.

Was wir jedoch nur noch mühsam und bruchstückhaft rekonstruieren können, war für die Zeitgenossen zum Greifen nahe: die zunehmende Hektik der Großstadt, der Verkehr, die immer knapper werdende Zeit, das Heer der Angestellten, Beamten und Dienstleute, die durch die Straßen des Zentrums eilten, zunehmend auch Frauen. Sie alle mussten sich in ihrer kurzen Mittagspause verpflegen, so rasch und unkompliziert wie möglich. Klar war auch, dass Aschinger das schnelle Essen nicht erfunden hatte: Bierlokale und Imbisskneipen gab es in Berlin seit den 1880er Jahren schon mehr als genug, über 5.000 alleine für die sogenannten „niederen Stände", wie es in den Stadtführern heißt.

Es wurde auch schriller und bunter in Berlin: die großen Reklameschriften an den Fassaden der Restaurants und Cafés, die Schaufenster der aufkommenden Warenhäuser, die allgegenwärtige Markenwerbung. Wer sich in dieser Welt der Reize und Verführungen behaupten wollte, musste sich etwas einfallen lassen.

Doch für August und Carl Aschinger ging es zunächst einmal darum, sich in dieser fremden, geradezu explodierenden Stadt zurechtzufinden. Ihr älterer Bruder Friedrich, schon einige Jahre früher als Gastwirt tätig, wird sie dabei unterstützt, seine Erfahrungen weitergegeben und vielleicht eine Anstellung vermittelt haben. Sie arbeiteten als kleine Angestellte, als Koch und Kellner und lernten das Berliner Kneipenwesen so von Grund auf kennen. Die beiden Brüder haben die Augen sicher aufgemacht in diesen einfachen Lokalen und die Gewohnheiten der „kleinen Leute" beobachtet, zu denen sie ja selbst gehörten. Was essen und trinken die Gäste am liebsten, wie viel Zeit bringen sie mit, wie viel Geld geben sie aus, was erwarten sie von Einrichtung und Bedienung, über was ärgern sie sich am meisten? Schon bald werden sie sich gesagt haben: Das können wir besser! So wurde in wenigen Jahren die Idee der Bierquellen geboren, Stehbierhallen neuen Stils, die Bewährtes übernommen und mit den Anforderungen des modernen Großstadtbetriebes in Einklang gebracht haben. August und Carl Aschinger haben die Zeichen der Zeit schneller erkannt und umgesetzt als die Konkurrenz.

Aber selbst nach näherer Beschäftigung mit dem Thema bleibt ein Rest von Staunen über die Geschwindigkeit, mit der die Bierquellen überall im Berliner Zentrum aus dem Boden geschossen sind und den Namen Aschinger berühmt gemacht haben. Vielleicht ist es gerade diese Schnelligkeit, die Dynamik der Ausbreitung und die Konsequenz, mit der August und Carl Aschinger ihre Idee umgesetzt haben, was schon die zeitgenössische Öffentlichkeit so fasziniert hat.

Das „System Aschinger", wie es in der Presse bald genannt wurde, klingt zunächst verblüffend einfach und gar nicht sensationell: „Sie wollten billiger sein als alle anderen Lokale und gleichzeitig besser" (vgl. Bernhagen 1987, S. 57). Aber alles, was sich so einfach anhört, muss zunächst einmal praktisch umgesetzt werden – und das taten die beiden Brüder konsequent und mit großer Energie. Sie boten „den Bewohnern der Großstadt gute und reell gekochte Speisen zu wohlfeilen Preisen […] und zwar in Lokalitäten, deren vornehme und komfortable Ausstattung auch dem bescheidensten Gaste das Gefühl des Wohlbehagens gewährt", so ein Bericht in der Beilage zur Vossischen Zeitung vom 12.2.1904.

Einmal davon abgesehen, dass es nicht *auch*, sondern *gerade* um den bescheidenen Gast, also um die kleinen Leute mit bescheidenem Geldbeutel ging, ist das treffend beschrieben. Die „wohltuende, ja luxuriöse Einrichtung der Aschinger'schen Lokale" führt ihnen „Gäste aus allen Schichten der Bevölkerung zu, nivelliert die Standesunterschiede und arbeitet mit an der Lösung des sozialen Problems, welches ja hauptsächlich in Fragen rationeller Ernährungsweise und Volkshygiene besteht." Rationell musste es in allen Lebensbereichen der kommerzialisierten Stadt zugehen, also auch in der Gastronomie. Aschinger bediente diese und viele weitere Bedürfnisse in den blitzsauberen Bierquellen, die mit ihren großen Schaufenstern und Beschriftungen überall an den zentralen Straßen und Plätzen Berlins Gäste anlockten.

Das Buch geht zunächst auf die Geschichte des Heimatortes der Familie Aschinger, Oberderdingen, ein und skizziert anschließend das weltstädtische Berlin am Ende des 19. Jahrhunderts. Ein Schwerpunkt liegt dabei auf dem Kneipenwesen der Hauptstadt, den einfachen „Kaffeeklappen" und anderen Billiglokalen, denn hier liegen auch die Wurzeln der Bierquellen. Deren Erfolg ist ohne die günstigen Rahmenbedingungen, die lange Phase der Hochkonjunktur bis zum Ersten Weltkrieg, das anhaltende Bevölkerungswachstum Berlins, die vielen Berufstätigen mit Bedarf nach schnellem Imbiss, aber auch den allgemein stark zunehmenden Bierkonsum nicht zu erklären.

Doch diese Chancen hätten andere auch nutzen können. Was das Besondere bei Aschinger war und wie es den beiden Brüdern gelang, die Hauptstadt mit ihren Bierquellen in nur

Einleitung

wenigen Jahren zu erobern, erfahren wir in einem weiteren Kapitel. Wieder führen uns aufmerksame Beobachter zu den „Geheimnissen" des Konzeptes.

Um das Jahr 1900 war mit 30 Bierquellen eine gewissen Sättigung eingetreten und das Unternehmen, inzwischen eine Aktiengesellschaft, machte sich auf die Suche nach neuen Geschäftsfeldern. Es wurden Konditoreien eröffnet und einzelne Bierquellen mit Tanzsälen ausgestattet. Doch damit nicht genug. 1907 baute Aschinger am Potsdamer Platz das gigantische Weinhaus Rheingold, ein Prestigeobjekt, das sich nicht ausschließlich mit geschäftlichen Interessen erklären lässt und das sehr bald zum großen Sorgenkind des Konzerns werden sollte. Mehr Glück hatte man mit dem ebenfalls am Potsdamer Platz errichteten Hotel Fürstenhof.

Nach dem frühen Tod von August und Carl Aschinger, 1909 und 1911, lag die Führung des Unternehmens vor allem in den Händen von Vorstand Hans Lohnert, einem langjährigen Freund und Berater der Firmengründer. 1919 trat Augusts Sohn Fritz in den Vorstand ein. Sie führten die Aktiengesellschaft zwar durch die Wirren der Revolutionszeit nach dem Ersten Weltkrieg und die Hyperinflation 1923, trafen dann aber eine verhängnisvolle Fehlentscheidung, die den Konzern an den Rande des Zusammenbruchs brachte: die Übernahme der Hotelbetriebs AG, der die meisten großen Hotels der Hauptstadt gehörten. Geschäftlich aufwärts ging es nach 1933, wobei sich die Unternehmensspitze mit den neuen Machthabern arrangierte. Die kurzzeitige Konsolidierung gelang durch die Abtretung der Hotelbetriebs AG an die Gläubigerbanken und die „Arisierung" des Weinhauses Kempinski 1937.

Nach dem Ende des Zweiten Weltkrieges waren die meisten Bierquellen und Konditoreien ebenso wie das Hotel Fürstenhof den Bombenangriffen zum Opfer gefallen. Hinzu kamen die Teilung der Stadt und die Enteignung des Konzerns in Ost-Berlin, wo sich auch der Zentralbetrieb mit Verwaltung und Speisenzubereitung für die Lokale befand. Fritz Aschinger, der zudem persönlichen Anschuldigungen wegen seiner Verbindungen in der NS-Zeit ausgesetzt war, glaubte nicht mehr an einen Neuanfang und nahm sich 1949 das Leben.

Nach diesem tragischen Ende der Gastronomie-Familie Aschinger bestand die Aktiengesellschaft zwar in West-Berlin weiter, konnte aber an die ursprüngliche Bedeutung nicht mehr anknüpfen. Vielleicht hätte die Ausbreitung der Bierquellen auf andere Großstädte zu Beginn des 20. Jahrhunderts, in der Hochphase des Konzern, bessere Chancen für einen Neubeginn geschaffen, doch dazu kam es nicht.

Am Ende des Buches blicken wir auf das moderne Oberderdingen, das mit dem Museum Aschingerhaus an die Geschichte seines Ehrenbürgers August Aschinger und des von ihm und seinem Bruder Carl aufgebauten Bierquellen-Imperiums erinnert. Erwin Breitinger ist in seinem Beitrag der Familiengeschichte Aschinger nachgegangen und schildert plastisch, aus welch ärmlichen Verhältnissen die beiden später so berühmten Männer stammten.

2 Oberderdingen im 19. Jahrhundert

Carl und August Aschinger wurden 1855 bzw. 1862 in der beschaulichen, damals württembergischen Gemeinde Oberderdingen geboren und sind hier zusammen mit neun meist älteren Geschwistern aufgewachsen. Der Vater Andreas, Sohn eines Küfermeisters, kam aus Diefenbach und heiratete 1842 in zweiter Ehe die Oberderdinger Bauerstochter Regine Götz.

Die Gemeinde, an der Grenze zum damaligen Großherzogtum Baden unweit der Stadt Bretten und des Klosters Maulbronn gelegen, hatte etwa 1.900 Einwohner und lebte wie die benachbarten Kraichgau- und Strombergdörfer von der Landwirtschaft, vom Wein- und Obstbau. Die im 16. Jahrhundert erbaute evangelische Laurentiuskirche mit ihrem markanten Turm prägt den Ort nicht nur architektonisch: Bis auf fünf Katholiken waren alle Einwohner evangelisch. Wie in ganz Württemberg hatte Herzog Ulrich hier bereits 1534 die lutherische Lehre eingeführt.

Schon seit dem 13. Jahrhundert gehörte Derdingen mit den beiden Ortsteilen Ober- und Unterderdingen zum Kloster Herrenalb. Dieser Herrschaft verdankt die Gemeinde den imposanten Pfleghof oder Amthof, eine gemeinsam mit der Kirche durch einen Maurerring befestigte Anlage, die in den 1980er Jahren beispielhaft saniert worden ist. In der ehemaligen Zehntscheune befindet sich heute das Rathaus.

Blick auf den idyllisch gelegenen Ort Oberderdingen in den 1920er Jahren.

Verwaltet wurde in Oberderdingen auch in früheren Jahrhunderten. Herrenalb richtete 1480 ein klösterliches Stabsamt ein, das für die Besitzungen im nördlichen Kraichgau mit den Dörfern Bahnbrücken, Oberacker, Sprantal, Nussbaum, Gölshausen, Weishofen und Freudenstein zuständig war. Wenig später fiel das Kloster und damit auch Derdingen an Württemberg. Der Amtssitz blieb jedoch erhalten, was Derdingen im Vergleich zu den Nachbardörfern eine gewisse Bedeutung sicherte. Dazu haben auch die Marktrechte beigetragen, die seit dem Jahr 1555 überliefert sind.

Doch kehren wir zurück in die Jugendjahre der Brüder August und Carl[1] Aschinger. Aus dieser Zeit stammt eine amtliche Beschreibung, die mit Blick auf Derdingen fast schon ins Schwärmen gerät: „Freundlich und frei zwischen fruchtbaren Ackerlandshügeln, die sich lang gestreckt von Osten, Süden und Westen herziehen, liegt der sehr ansehnliche Ort" an einem Seitenarm des Kraichbaches. „Gegen Süden und Osten erheben sich, den Blick aufhaltend, die nahen, vielgebuchteten waldigen Abhänge des Stromberges, der bis hierher seine wohlgeformten Ausläufer sendet; gegen Nordwesten liegt die Gegend ganz offen und auf allen höheren Stellen erblickt man in blauer Farbe die schönen Linien der Vogesen. Derdingen hat breite, gut gehaltene Straßen, tüchtige Holzhäuser, und auch manche, die im städtischen Geschmack gehalten sind; ein besonders hübsches Aussehen verleiht dem Dorfe der ausgedehnte, noch ummauerte Pfleghof, früher dem Kloster Herrenalb gehörig und westlich vom eigentlichen Dorf sich erhebend."[2]

Blick in die Kirchhofgasse in den 1930er Jahren mit dem Geburtshaus Aschinger (zweites Gebäude links).

Das Geburtshaus von August und Carl Aschinger in der Aschingerstraße Oberderdingen in den 1970er Jahren.

Der Oberderdinger Amthof in den 1950er Jahren.

Die Haupterwerbsquellen der Einwohner waren „Feldbau, Viehzucht, Wein- und Obstbau", Gewerbe wurde nur „in kleinem Umfange betrieben; es leben hier die gewöhnlichen Handwerker, die alle auch nach außen arbeiten." Außerdem gab es zwei Getreidemühlen und eine „durch ein Pferd betriebene Ölmühle". Vier Schildwirtschaften, zwei Bierbrauereien und eine Speisewirtschaft deuten auf ein geselliges Leben hin. An Geschäften gab es zwei Kaufläden und einen „Kramladen", ergänzt durch einen Krämermarkt, der vier Mal jährlich abgehalten wurde und auch für die umliegenden Dörfer von Bedeutung war.

Oberderdingen war also ein Ort, in dem es sich gut leben ließ. Straßen und Häuser machten einen gepflegten Eindruck, die Bauern und Winzer konnten ihre Familien ernähren. So stellt auch die amtliche Beschreibung fest: „Die Vermögensverhältnisse sind günstig; ein Mittelstand herrscht vor und fast Jeder hat sein Auskommen." – Aber eben nur fast jeder, denn „Armenunterstützung erhalten 10–12 Personen". Zu diesen Armen und ganz Armen des Dorfes gehörte auch die Familie Aschinger, wie wir aus dem Beitrag von Erwin Breitinger noch erfahren werden.

Die Erinnerungen an die eigene Kindheit und die bescheidenen Verhältnisse werden für August und Carl Aschinger nicht nur angenehm gewesen sein. Außerdem starben die Eltern früh: der Vater, als August gerade fünf Jahre alt war. Dennoch hat gerade dieser Sohn den Kontakt zu Oberderdingen sein Leben lang gepflegt. Er heiratete hier 1888 Helene Neumann, die er in Berlin kennen gelernt hatte und die ganz im Gegensatz zu ihm aus wohlhabenden Verhältnissen stammte. Mehrmals besuchte er in den folgenden Jahren seine Heimatgemeinde, zuletzt als berühmter Gastronom im Jahr 1910, begleitet von seinem langjährigen Freund und Geschäftspartner Hans Lohnert. Dieser Besuch wurde zum Fest für die ganze Gemeinde.[3]

Der Anlass war zunächst die Einweihung eines „monumentalen Grabmales von Künstlerhand" für die Eltern Aschinger auf dem Derdinger Friedhof. Schon 1908 hatten Carl und August Aschinger bei der Gemeinde beantragt, das Grab der Eltern nicht wie allgemein üblich nach einer gewissen Frist zu räumen, sondern auf Dauer zu erhalten. Mit „Rücksicht auf die großen Wohltätigkeitsakte und Freigebigkeitsleistungen, welche die Herren Aschinger hier schon geübt haben"[4], stimmte der Gemeinderat diesem Anliegen einhellig zu. Den Plan für den Gedenk-

Großer Festtag in Oberderdingen: Die Gemeinde verleiht August Aschinger 1910 die Ehrenbürgerrechte. Auf dem Friedhof wird ein Ehrenmal für dessen Eltern eingeweiht.

grabstein haben die Brüder wahrscheinlich noch gemeinsam gefasst, doch Carl Aschinger starb 1909.

Am Tag des 48. Geburtstages von August Aschinger, dem 8. April 1910, fand die festliche Einweihung des Monuments statt. Es „bewegte sich ein großer Zug zum Friedhof: Die älteren Schulkinder, die Familie Aschinger mit ihren Freunden und zahlreiche Gemeindeglieder. Am Denkmal sprachen Pfarrer Baßler und Generaldirektor Lohnert von der Aschingergesellschaft Berlin. Nun ging's zum Schulhaus. Dort erhielten die 350 Schulkinder eine große Berliner Wurst, zwei Derdinger Brezeln, einen nagelneuen Taler und wurden von ihrem Gastgeber, Herrn Aschinger, noch mit Kaffee und Kuchen bewirtet." Die Gemeinde bedachte er mit einer Stiftung von 5.000 Mark.

Es war nicht das erste Mal, dass sich August Aschinger wohltätig gegenüber den Kindern und Armen seines Heimatortes zeigte. Als der Gemeinderat Anfang 1910 über die Genehmigung des Grabmals beriet, brachte Bürgermeister Wilhelm Burger die Verleihung der Ehrenbürgerrechte an Aschinger zur Sprache und verwies dabei auf „seine große Wohltätigkeit zu Gunsten hiesiger Armen". Auch dieser Antrag wurde einstimmig gebilligt. Den „künstlerisch ausgestalteten Ehrenbürgerbrief" erhielt der berühmteste Sohn der Gemeinde im Anschluss an den geschilderten Festakt im Gasthaus Zum Rössle.

Das Gasthaus Rössle in Derdingen, Brettener Straße 42, im Jahr 1908.

Es sollte der letzte Besuch August Aschingers in Derdingen gewesen sein. Er starb am 28. Januar 1911 in seinem Berliner Haus am Kurfürstendamm an einer Lungenentzündung. An der Trauerfeier, über die wir an anderer Stelle noch berichten, nahmen selbstverständlich auch Bürgermeister Burger und Pfarrer Baßler als Vertreter der Gemeinde Derdingen teil.

Heute erinnert nicht nur das Grabmal auf dem Friedhof an die Familie Aschinger, sondern vor allem auch das stilvoll renovierte Geburtshaus, das Aschingerhaus mit Museum und Galerie im Ortszentrum von Oberderdingen. Die Erben von Carl und August Aschinger haben das Gebäude in den 1920er Jahren der Gemeinde vermacht. Das Museum schildert den rasanten Aufstieg der hier in ärmlichen Verhältnissen aufgewachsenen Brüder in der Reichshauptstadt Berlin, jene fast unglaubliche Geschichte, die auch im Mittelpunkt dieses Buches steht.

Bäuerliche Fachwerkhäuser in der Brettener Straße um 1930.

Berlin auf dem Weg in die Moderne: Die zentrale Kreuzung Unter den Linden/Friedrichstraße (Blickrichtung Bahnhof) mit Pferdedroschken und -omnibussen vor und kurz nach 1900 sowie mit PS-starken Doppeldeckern um 1930. Das Victoria Café hieß inzwischen Café König.

3 Berlin wird Weltstadt

Das Deutsche Kaiserreich von 1871 ist „durch das Schwert" entstanden, wie Hans-Ulrich Wehler schreibt. Den Schlusspunkt mehrerer Kriege setzte der siegreiche Feldzug gegen Frankreich, der nicht nur zur Reichsgründung unter preußischer Dominanz führte, sondern auch die wirtschaftliche Entwicklung durch hohe Reparationszahlungen förderte. Unter einer autoritären Staats- und Gesellschaftsform wurde die Industrialisierung und Modernisierung Deutschlands vorangetrieben. 1875 entstand aus den Parteien Bebels und Lassalles die „Sozialistische Arbeiterpartei", die spätere SPD, als geeinte Vertretung der Arbeiterbewegung. Deren zunehmende gesellschaftliche und politische Bedeutung konnten auch die berüchtigten Sozialistengesetze unter Reichskanzler Otto von Bismarck nicht verhindern.

Die Entwicklung verlief nicht bruchlos und war nach der Weltwirtschaftskrise von 1873 durch Depression und konjunkturelle Schwankungen gekennzeichnet. Die Erfahrung der Instabilität und Unsicherheit des kapitalistischen Systems war allgegenwärtig. Doch 1895 setzte eine beispiellose Phase der Hochkonjunktur ein, die bis zum Beginn des Ersten Weltkrieges andauern sollte. Mit der Elektrotechnik, dem Maschinenbau und der Großchemie zeichneten sich die neuen Leitindustrien ab.

Im Zentrum des Deutschen Reiches, seiner politischen, wirtschaftlichen und kulturellen Entwicklung, stand die Hauptstadt Berlin. Deren Bevölkerung hatte sich in den 25 Jahren nach der Reichsgründung mit 1,75 Millionen mehr als verdoppelt und immer noch drängten die Menschen aus dem Umland und dem ganzen Reich in die preußische Metropole, um hier Arbeit zu finden oder durch Geschäfte aller Art ihr Glück zu machen. Überall wurde gebaut: Industriebetriebe und Arbeitersiedlungen in den Vororten und Randlagen, monumentale Regierungsgebäude, Finanzpaläste und luxuriöse Hotels im Stadtkern. Die chaotischen Verkehrsverhältnisse, das Gewimmel der Menschenmengen, die vielen Kneipen, feinen Restaurants und Weinstuben, die Vergnügungs- und Nachtlokale: Berlin hatte sich in atemberaubendem Tempo zur Weltstadt entwickelt.

Ihrer neuen Bedeutung war sich die Hauptstadt durchaus bewusst, wie schon ein Blick in die Reiseführer jener Jahre zeigt: „Handel, Verkehr und Industrie sind besonders seit den siegreichen Feldzügen 1864, 1866, 1870/71 in mächtigem Aufschwung begriffen und nehmen eine hervorragende Stellung in Europa ein." Zwar fehle es an historischen Gebäuden, wie sie andere europäische Metropolen vorweisen könnten, doch dieser Mangel werde „durch die herrlichen Monumentalbauten, welche vorzugsweise in den letzten 20 Jahren entstanden und in der ganzen Stadt verteilt sind, mehr als ausgeglichen."[5]

Verschaffen wir uns also ein erstes Bild vom Berlin jener Tage, von den wichtigsten Zentren der aufstrebenden Hauptstadt, den verkehrsreichsten Straßen und Plätzen. Beginnen wir unseren Rundgang vom Bahnhof Friedrichstraße aus, einer zentralen Haltestelle der 1882 eröffneten Stadtbahn. Entlang der Friedrichstraße, die das Zentrum von Nord nach Süd durchzieht, kommen wir rasch zu der kreuzenden Prachtstraße „Unter den Linden" mit ihren hochfeinen Hotels und Restaurants wie dem „Royal" oder „Imperial". An der Ecke Friedrichstraße

Die Stadtbahn, 1882 als Hochbahn gebaut, durchzog Berlin in Ost-West-Richtung. Die Abbildungen zeigen die Strecke am Cottbuser Tor ...

befinden sich das bekannte Café Bauer und die Konditorei Kranzler. „Unter den Linden" verbindet das Brandenburger Tor im Westen mit dem königlichen Schloss im Osten. Von hier noch weiter in den Osten kämen wir über die Königstraße zum verkehrsreichen Alexanderplatz. Hier stehen große Hotels, das mächtige, 1890 erbaute Königliche Polizeipräsidium und das Kaufhaus Tietz, später „Hertie" (aus dem Namen des Gründers HERmann TIEtz zusammengesetzt), davor die zwölf Meter hohe Figur der „Berolina".

Wir kehren jedoch zurück zur drei Kilometer langen Friedrichstraße mit ihren Hotels, den großen Brauereipalästen und Geschäften aller Art. Weiter in Richtung Süden folgt die Französische Straße mit dem noch heute feinen Weinrestaurant Borchardt's und dem Gendarmenmarkt. Nochmals einige Hundert Meter südlich kreuzt die Leipziger Straße, „welche wohl die verkehrsreichste und auch geschäftlich bedeutendste Strasse Berlins und abends bis 12 Uhr elektrisch beleuchtet ist", wie es in unserem Stadtführer von 1896 stolz heißt.[6] Wir folgen dieser Geschäftsstraße nach Westen und kommen über den parkähnlichen Leipziger Platz zum Potsdamer Platz, dem aufstrebenden Zentrum des modernen Berlin. Hier entstehen um 1900 in rascher Folge prächtige Hotels und Restaurants, die einmündende Bellevuestraße zählt zu den vornehmsten Wohngegenden. Aus fünf Straßen drängt der Verkehr auf den chronisch überlasteten Platz. Nicht besser sind die Verkehrsverhältnisse im älteren Zentrum am östlichen Ende der Leipziger Straße, dem Spittelmarkt. Hier treffen sieben Omnibus- und zwölf Pferdebahnlinien aufeinander.

Mit der Friedrichstraße, der Leipziger Straße und der Königstraße, dem Potsdamer Platz im Westen sowie dem Alexanderplatz und dem Spittelmarkt im Osten haben wir schon die pulsierenden Straßen und Plätze der damaligen Zeit kennen gelernt, die vornehme Promenade „Unter den Linden" natürlich eingeschlossen. Und der Kurfürstendamm, heute einer der bekanntesten Boulevards der Welt? Erst um 1885 wurde der mit holprigem Steinpflaster und Sand schlecht befestigte Damm zu einer breiten Alleestraße ausgebaut und erhielt neben Fuß- und Reitwegen auch eine Dampfstraßenbahnlinie, die vom nahe gelegenen Bahnhof Zoo zum Grunewald führte. In den folgenden Jahrzehnten setzten eine fieberhafte Grund-

... und bei der Überquerung des Landwehrkanals.

stücksspekulation und rege Bautätigkeit ein. Errichtet wurden vorzugsweise große Wohnhäuser für die hochherrschaftlichen und wohlhabenden Berliner, die Kaufhäuser und Vergnügungslokale folgten erst später. Vor dem Ersten Weltkrieg sollen am Kurfürstendamm 120 Millionäre gewohnt haben.[7] Zu ihnen zählte auch der Rentier August Aschinger, der mit seiner kleinen Familie im Haus Kurfürstendamm 37 wohnte.

Ringbahn, Stadtbahn und Pferdeomnibusse

Die Zahl der „öffentlichen Fuhrwerke", so erfahren wir aus dem Stadtführer weiter, lag bei „etwa 8285 Wagen, nämlich 6.300 Droschken, 325 Omnibusse, 241 Thorwagen, 1310 Pferdebahn- und 19 Dampfstraßenbahnwagen." Die Wortwahl darf uns nicht täuschen: Natürlich wurden die Droschken und Omnibusse 1896 noch ausnahmslos von Pferden gezogen. All diese Fuhrwerke ebenso wie die privaten Kutschen und Geschäftswagen trafen sich auf den uns bereits bekannten zentralen Straßen und Plätzen – und führten immer wieder zu einem viel beklagten Verkehrschaos und zu Stauungen, wie wir sie auch aus der motorisierten Zeit kennen.

Ohne die 1882 als Hochbahn auf Viadukten gebaute Stadtbahn wäre alles noch viel schlimmer gewesen: Die Strecke durchzog Berlin auf einer Länge von über 14 Kilometern in Ost-West-Richtung. Haltepunkte waren u.a. Charlottenburg und Zoologischer Garten im Westen, Lehrter Bahnhof und Friedrichstraße in Mitte sowie Alexanderplatz und Schlesischer Bahnhof im Osten. Von morgens 5 bis nachts 1 Uhr verkehrte alle 5 bis 10 Minuten eine Dampfstadtbahn.

Die Stadtbahn war die erste Strecke dieser Art auf dem europäischen Festland und „hat Berlin überhaupt erst zur Großstadt gemacht"[8]. Sie brachte nicht nur die Vororte in Verbindung mit der Innenstadt, sondern vernetzte so weit wie möglich die acht getrennt liegenden Fernbahnhöfe Berlins. Schließlich wurde eine Verbindung zur Ringbahn geschaffen. Diese bereits 1871 gebaute Bahnstrecke umspannte Berlin großzügig in einem Nord- und Südring.

Friedrichstraße mit Blick auf das „Panopticum". Wimmelte es 1899 noch vor Pferdekutschen, so beherrschten zehn Jahre später bereits die motorisierten Omnibusse das Straßenbild.

Was kostete nun eine Fahrt mit der Bahn oder Pferdedroschke im damaligen Berlin? In der Stadtbahn gab es eine 2. und eine 3. Klasse mit Fahrkarten zu 15 bzw. 10 Pfennigen für eine Strecke. Wer Gepäck hatte und es sich leisten konnte, stieg in der Stadt in eine der vielen Droschken um. 60 Pfennige kostete eine Fahrt bis zu 15 Minuten allerdings schon in der 2. Klasse. In 12 Minuten schaffte es die Kutsche bei normalem Verkehr vom Bahnhof Friedrichstraße zum Potsdamer Platz. Wer zu Fuß ging, brauchte auch nur 20 Minuten.

Aber es gab ja auch noch die Pferdebahnen, also von Pferden gezogene Straßenbahnen, die das ganze Stadtgebiet durchkreuzten. Der Reiseführer empfahl sie als „das beste und billigste Verkehrsmittel für Personen ohne Gepäck". Karten waren schon ab 10 Pfennigen zu haben. Schließlich quälten sich noch die Pferdeomnibusse durch die Straßen Berlins. Auf dem offenen Verdeck kostete die Fahrt unabhängig von der Streckenlänge nur 10 Pfennige. Ein sicherlich günstiger, aber stark wetterabhängiger Aussichtsplatz, der aus Sicherheitsgründen nur den Männern gestattet war.

Doch diese Vorschriften sollten sich bald als überflüssig erweisen. Nach der Gewerbeausstellung 1896 setzte rasch die Elektrifizierung aller Straßenbahnstrecken ein und sechs Jahre später fuhr die letzte Pferdebahn durch Berlin. An der ständigen Überlastung der Straßen hat das jedoch wenig geändert, zumal die Automobile nach und nach hinzukamen. Einen entscheidenden Fortschritt brachte erst die U-Bahn, mit deren Bau kurz nach der Jahrhundertwende begonnen wurde.

Das bunte Bild des Berliner Straßenverkehrs und das Gewimmel der eiligen Menschen lassen die zeitgenössischen Ansichtskarten noch gut erahnen. Nur für wenige Jahre teilten sich die „ungleichzeitigen" Verkehrsmittel – Pferdedroschken, Pferdeomnibusse, elektrische Straßenbahnen und Automobile – die Straßen und konnten auf eine Platte gebannt werden. Die großen Hotels, schicken Cafés und modernen Geschäfte mit den neuartigen Schaufenstern und Reklameschildern bildeten eine dankbare Kulisse für diese Großstadtmotive, die Berlinreisende gerne nach Hause schickten.

Bierlokale für „gebildete" und „niedere" Stände

Die Hauptstadt des Deutschen Reiches war um 1900 gleichzeitig die Stadt mit der höchsten „Kneipendichte". 7,5 Schankstätten gab es pro Tausend Einwohner, also insgesamt rund 10.000. Lediglich Bremen und Hamburg konnten prozentual noch knapp mithalten, deutlich weniger Lokale hatten die bierfreudigen Städte München (fünf pro Tausend Einwohner) und Köln (vier pro Tausend Einwohner) vorzuweisen.

Die Gaststätten waren von ganz unterschiedlicher Größe und Qualität. Eine Dissertation zum Berliner Wirtsgewerbe zählt für das Jahr 1900 rund 300 Weinlokale, die meist eine gehobene Küche hatten, 900 Bierlokale „für gebildete Stände" und 7.500 Bierkneipen für „niedere Stände". Am unteren Ende der Hierarchie befanden sich 500 „Schnapsschänken" oder „Destillen".[9] Diese Art von Lokalen nahm jedoch seit Jahrzehnten stetig ab, denn der Branntweinkonsum ging in der zweiten Hälfte des 19. Jahrhunderts um über 40 Prozent zurück, dagegen verdoppelte sich der Bierverbrauch. Die staatliche Steuerpolitik, Einschränkungen bei der

Konzessionserteilung für Destillen und die „bürgerliche Mäßigungsbewegung" mit moralischer Ächtung des Schnapstrinkens hatten diese Entwicklung mit beeinflusst. Zudem wurden Qualität und Haltbarkeit des Bieres durch die modernen Brautechniken immer besser.[10]

Der deutliche Trend weg vom harten Schnaps hin zum leichten Bier hatte aber auch wirtschaftliche Gründe. Die Anforderungen in fast allen Berufszweigen waren durch die Technisierung und allgemeine Beschleunigung des Arbeitsprozesses immer mehr gestiegen, die Schnapsflasche am Arbeitsplatz wurde nicht mehr geduldet und der Alkoholkonsum insgesamt verlagerte sich zunehmend in die Freizeit – getrunken wurde weniger bei der Arbeit, die immer mehr Konzentration erforderte, sondern in der Kneipe und hier vor allem Bier.

Die erwähnte Statistik bringt das klar zum Ausdruck: Bis zum Ersten Weltkrieg nahm die Zahl der Berliner Schankstätten in allen Kategorien ab, nur die Bierlokale für die „niederen Stände" sind nochmals auf fast 8.300 angewachsen. Hier kehrten natürlich auch die vielen Besucher der Hauptstadt gerne ein. Eine Million „Fremde" waren um die Jahrhundertwende in Berlin gemeldet.

An Kneipen aller Art herrschte also in Berlin in den Jahren, als August und Carl Aschinger ihre ersten Stehbierhallen eröffneten, gewiss kein Mangel. Die „Berliner Illustrirte Zeitung" entwarf 1895 ein plastisches Bild von dieser „Kneipenszene" und versuchte auch eine gewisse Ordnung in die verwirrende Vielfalt der Gaststätten zu bringen. Denn so „sehr sich auch scheinbar in ihnen und namentlich in den für Massenbesuch hergerichteten Lokalen die sozialen Unterschiede in ihren Besuchern vermischen, man kann doch diese Lokale in mehrere, sich scharf von einander trennende Kategorien scheiden, die wieder der sichtbare Ausdruck der Bevölkerungsschichten sind."[11]

Ausstattung, Bedienung, Angebot der Speisen und die damit verbundenen Preise boten genügend Unterscheidungs- und Abgrenzungsmerkmale, die sich in der Art des Publikums widerspiegelten. Neben den vornehmen Restaurants Unter den Linden mit erlesener französischer Küche, die den „betuchten" Berlinern vorbehalten waren, fand der „gebildete Mittelstand" in den großen bayrischen Brauhäusern ein passendes Angebot: Hier „geht es geräuschvoller zu. Da ist namentlich um die Frühschoppen- und Abendzeit ein immerwährendes Kommen und Gehen. Die Braupaläste der Münchner Bierkönige Pschorr, Sedlmayer etc. sind Wahrzeichen des neuen Berlin. Durch sie haben die Berliner erst Kneipen-Komfort kennen gelernt. Holzbekleidete Wände und bemalte Decken, gewaltige Tonnengewölbe, tragende Granitsäulen, lauschige Erker, Butzenscheiben, eichene Tische und Stühle. Auf den Paneelen bunte Krüge und Humpen – das ist so eine moderne Berlin-Münchener Bräustube."

Man aß hier „gut und verhältnismäßig billig", wenngleich das Bier – zum Preis von 30 Pfennig der halbe Liter – eindeutig im Vordergrund stand. Die Bierpaläste waren „uniformfähig", hier konnten also auch Offiziere standesgemäß verkehren, „was in unserem militärfrommen Lande für den Gradmesser der ‚Reputirlichkeit' galt." Zum Publikum gehörten außerdem Studenten, Reichstagsabgeordnete, selbst Frauen und ganze Familien kehrten hier gerne ein. Auch dabei zeigt sich ein Wandel. In dem bekannten Stadtführer Baedeker wird den Frauen noch in den 1880er Jahren empfohlen, die Bierlokale wegen des starken Tabakqualms und des teilweise rüden Umgangstones zu meiden. Die modernen Paläste sorgten da in jeder Hinsicht für eine bessere Atmosphäre.

Berlin wird Weltstadt

Das Zentrum des geschäftigen Berlin: Die Friedrichstraße an der Ecke Leipziger Straße um 1905.

Der Potsdamer Platz um 1900 vom Bahnhof aus gesehen mit dem alten Hotel Fürstenhof (rechts), dem dahinter liegenden Palast-Hotel und dem Hotel Bellevue links.

Welchen Kontrast dazu bildeten die beschaulichen Berliner Weißbierkneipen, die sich „wie eine Mahnung der Vergangenheit" in die moderne Zeit gerettet hatten. Hier fand man noch den „geborenen Berliner" und das „alte Berlin". „Alles in diesen Kneipen ist alt. Das Gemäuer, die Streichholzbüchsen, der Wirth, die Gäste." Es gab „gediegene Hausmannskost". An den Tischen saßen Rentiers, ehrenfeste Handwerksmeister, kleine Beamte und Kaufleute, also „der Kern der eingeborenen Berliner Bürgerschaft, der mehr und mehr aus dem öffentlichen Leben zurückgedrängt ist." So erging es auch dem Berliner Weißbier selbst, das den „Kulturkampf" gegen die Münchner Biere um 1880 schon verloren hatte. In dieser Zeit entstanden die großen Brauereigaststätten von Pschorr in der Taubenstraße und das Hofbräu in der Leipziger Straße.[12]

Billiger Imbiss in den Kaffeeklappen

Wiederum ein ganz anderes Publikum verkehrte in den so genannten Kaffeeklappen, einfachste, meist im Untergeschoss eingerichtete Lokale, deren einziger Vorzug der niedrige Preis zu sein schien: „Der dumpfe, mit schmutzigen, grobgefugten Tischen und Stühlen besetzte Raum ist durchduftet von einer undefinierbaren Atmosphäre, die sich aus den Düften abgestandener Bierneigen, nasser Kellerwände und übel riechenden Tabaks zusammen-

Blick vom Palast-Hotel aus in die Bellevuestraße (1903). Rechts das Grand Hotel Bellevue, ganz links an der Ecke Potsdamer Straße die Aschinger-Bierquelle Nr. 28.

setzt. Die Preise sind hier auf den Nullpunkt gesunken. Für 5 Pfennige erhält man einen Topf Kaffee, für ebenfalls 5 Pfennige eine dicke, mit Butter oder Schmalz bestrichene ‚Stulle'."

Doch die Kaffeeklappen werden nicht überall so negativ geschildert wie in unserem Zeitungsartikel. Hanns Fechner erinnert sich gerne an die „meist guten, aber billigen Wirtschaften, die über das ganze alte Berlin verstreut waren". Kutscher, Dienstmänner und alle, die es eilig hatten, verzehrten hier kalte Bouletten und Koteletts, Rollmöpse, Würste, Eier und belegte Brote. Die Wirtin „verabfolgte die verlangten Speisen und machte die „Schrippen" und Butterstullen vor den Augen der Gäste auf's appetitlichste zurecht." Auch Studenten wie Fechner konnten sich hier für 10 bis 15 Pfennige satt essen.[13]

Wolfgang Bernhagen sieht in den nach 1870 zunehmenden Kaffeeklappen die „Vorläufer der Schnellgastronomie in Berlin. Noch werden die Speisen im Beisein des Gastes schnell zubereitet und sicher von diesem ebenso schnell verzehrt, denn diese Art von Lokalen lud nicht zum längeren Verweilen ein. Die Enge der Räume und auch die Einrichtung selbst ließen das nicht zu."[14] Besonders gemütlich war es sicher nicht in diesen frühen Imbissstuben, aber es ging schnell, die Portionen waren üppig und die Preise niedrig. Die einfachen Brote wurden – jedenfalls in den besseren „Klappen" – vor den hungrigen Augen der Gäste appetitlich gerichtet.

Eine andere Funktion hatten die Eckkneipen in den Wohnvierteln der Arbeiter. Hier traf man sich nach Feierabend zum Bier, um den Arbeitsalltag zu vergessen, der engen Wohnung zu entfliehen oder über Politik und Partei zu diskutieren. Der Sozialist Karl Kautsky sang geradezu ein Loblied auf diese Stammkneipen der Arbeiter: Hier sei der einzige Ort, „in dem die niederen Volksklassen frei zusammenkommen und ihre gemeinsamen Angelegenheiten besprechen können. Ohne Wirtshaus gibt es für den deutschen Proletarier nicht bloß kein geselliges, sondern kein politisches Leben."[15]

„Bouillons" in Paris und „Lyons" in London

Bedarf an schnellem und günstigem Essen gab es natürlich auch in den beiden größten Städten Europas, in Paris und London. Bereits 1860 eröffnete der Metzger Pierre-Louis Duval in den Pariser Markthallen ein Imbisslokal und servierte Rindfleisch in der Brühe, woraus sich der Name „Bouillon" ableitet. Diese Bouillons setzten sich rasch durch. Um 1900 gab es bereits 25 solcher Billigrestaurants in Paris. „Hier bekamen die Arbeiter, die häufig keine Kochgelegenheit in ihren Unterkünften hatten, eine sättigende Mahlzeit zu einem günstigen Preis."[16]

1896 eröffnete die Familie Chartier ihre erste „Bouillon" mit einem „grandiosen Dekor" aus Holz, Messing, Glas und Spiegeln. Die Einrichtung war also aufwändig und sollte sich von dem einfachen Speisenangebot abheben. Sehr erfolgreich war auch die Brasserie Bofinger, die ab 1864 ausschließlich kalte Platten mit Wurst und Fleisch zum Bier anbot. Das erinnert sehr an die Berliner Kaffeeklappen.

Billiglokale aller Art gab es auch in London. „Da ist Slaters für Leute mit bescheidenem Einkommen und einer halben Stunde Zeit, da sind die ‚Luncheon bars' nach Art von Sweeting und Pimms, für Leute mit fünfzehn Minuten Zeit" und viele mehr. Rückblickend heißt es in einer Gastronomiegeschichte: „Wie in Paris und Berlin haben sich auch in London genormte, in verschiedenen oder allen Stadtteilen vertretene mehr oder weniger billige Lokale durchgesetzt, die von großen Gesellschaften überall an günstigen Stellen mit geringen Variierungen oder auch größerer Anpassung an die Stadtgegend gegründet worden sind."[17] In London waren die Lokale von „Lyons" am bekanntesten, in Berlin sollten es Aschingers Bierquellen werden.

Auf das beschleunigte Leben des Industriezeitalters, die wachsende Schicht der Arbeiter, berufstätigen Frauen, kleinen Angestellten und Zuwanderer, die alle außer Haus verpflegt werden mussten, reagierten die Metropolen des späten 19. Jahrhunderts also ganz ähnlich. Überall gab es findige Wirte, die den Bedarf an einer schnellen, einfachen, sättigenden und günstigen Mahlzeit für die kurze Mittagspause oder zwischendurch erkannten und einzelne Lokale oder kleine Ketten eröffneten. Sozial motiviert waren dagegen die wohltätigen Volksküchen, wie sie Keith Allen für Berlin beschrieben hat. Zwischen Wohlfahrt und Gewinnstreben standen die Lokale des „Vereins für Volks-, Kaffee- und Speisehallen", der 1881 in Lübeck gegründet wurde und sich rasch auch in anderen Städten ausbreitete.[18] In Berlin gab es bis 1914 sieben dieser Speisehallen, die jedoch mit ihrer Armenküche nicht ein so breites Publikum wie Aschingers Bierquellen erreichen konnten.

4 Aschingers Bierquellen erobern Berlin

Die Anfänge

Berlin 1892: Das erste Automobil wird in der Reichshauptstadt zugelassen, die Einwohnerzahl erreicht 1,5 Millionen Menschen – und in der Neuen Rossstraße 4 am Köllnischen Fischmarkt wird eine Stehbierhalle eröffnet. Eine von mehreren Tausend Kneipen, in denen sich die Arbeiter, Fuhrleute und kleinen Beamten trafen, um in der Mittagspause oder nach Feierabend ihr Bier zu trinken, für wenig Geld den Hunger zu stillen oder um sich mit Gleichgesinnten zu unterhalten. Besonders gemütlich war es hier meistens nicht, weder was die Einrichtung noch was die Sauberkeit angeht. Tabakqualm und schlechte Luft inklusive. Eine Stehbierhalle mehr oder weniger – wen in der Millionenstadt Berlin interessierte das schon?

Zunächst nur wenige. Doch für die Brüder August und Carl Aschinger war es ein mutiger Schritt in die Selbstständigkeit. Mehrere Jahre hatten sie in Berlin als Koch und Kellner gearbeitet und ein wenig Geld angespart. Hinzu kam die Mitgift von Augusts Ehefrau Helene. Aber noch wichtiger waren die Erfahrungen, die sie in der Hauptstadt gesammelt hatten. Sie wussten, was die einfachen Leute mit bescheidenem Budget in ihren knapp bemessenen Arbeitspausen brauchten: einen schnellen, schmackhaften und vor allem günstigen Imbiss.

Hier fing alles an: Die 1892 eröffnete erste Bierquelle Aschingers in der Neuen Rossstraße.

August Aschinger (1862–1911).

Die beiden Brüder ließen der ersten Bierquelle rasch weitere Lokale in der gleichen Art folgen und suchten sich dazu die belebtesten und verkehrsreichsten Straßen und Plätze des geschäftigen Berlin aus: die Leipziger, Potsdamer, Friedrich- und Oranienstraße, den Alexanderplatz, den Hackeschen oder Werderschen Markt. Die Schnelligkeit der Ausbreitung lässt vermuten, dass es von Anfang an nicht um die Eröffnung einer einzelnen Stehbierhalle, sondern um den Aufbau einer Restaurant-Kette ging.

1896, im Jahr der großen Gewerbeausstellung, war das Dutzend bereits voll und anschließend ging alles noch viel schneller: Die 25. Bierquelle öffnete schon zwei Jahre später in der Chausseestraße – ein Jubiläum, das mit 250 Gästen und Vertretern der gesamten Berliner Presse gefeiert wurde. Überhaupt die Presse: Auch deren Bedeutung haben die Gebrüder Aschinger früh erkannt und die Journalisten geradezu „gehätschelt", wie die Konkurrenz später meinte. Viele Zeitungsberichte lesen sich denn auch wie bezahlte PR-Beiträge des Unternehmens.

„Die beiden Chefs", hieß es in einem Artikel 1895, hätten erkannt, „was so viele Geschäftsleute nur schwer zu begreifen scheinen, dass wir im Zeitalter des Verkehrs leben."[19] Also mussten die Lokale dort eröffnet werden, wo die Menschen massenhaft verkehrten und die Bedienung musste, dem Rhythmus der Hauptstadt entsprechend, schnell gehen. In der großen Bierquelle beim Bahnhof Friedrichstraße beispielsweise lagen morgens 1.500 bis 2.000 Brötchen bereit, „die meist innerhalb einer Stunde verkauft werden", erfahren wir aus dem Bericht weiter. Während es in vielen Wirtshäusern „umständlich und langweilig" zuging, „habe ich mich bei Aschinger's schon vollständig gesättigt und kann gestärkt wieder meinen Geschäften nachgehen", schrieb ein zufriedener Gast. Dass in den Bierquellen kein Trinkgeld erlaubt war, wurde ebenfalls positiv vermerkt.

Doch zum Erfolgsrezept der Bierquellen, zum „System Aschinger", gehörte noch mehr, wie wir sehen werden.

Die feinen Unterschiede

In gerade einmal fünf Jahren hatten August und Carl Aschinger Berlin im Sturm erobert, niemand konnte ihre 25 Lokale in der Innenstadt mehr übersehen. Überall das gleiche Bild: die einheitliche Beschriftung mit der Nummer der Bierquelle und das bayrische blau-weiße Rautenmuster als Rahmen. Die großen Schaufenster zeigten nicht nur die appetitlichen Speisen, sondern erlaubten zudem einen neugierigen Blick auf die ansprechende Einrichtung im Innern der Lokale, den Bierzapfer, das Mädchen hinter der Wursttheke und die bunt gemischte Gästeschar. Wer konnte da noch widerstehen?

Während die meisten Bierlokale exklusive Verträge mit einer Brauerei hatten, ging Aschinger einen anderen Weg. Es wurden verschiedene Biersorten angeboten, die Gäste konnten auswählen und vergleichen. Das hat sich in Berlin vermutlich ebenso rasch herumgesprochen wie der günstige Einheitspreis von 10 Pfennig pro Glas. Alle Biere wurden natürlich frisch gezapft, gerade so, wie man sich eine unaufhörlich sprudelnde Bierquelle vorstellt.

In den frühen Aschingerlokalen gab es ausschließlich „kalte Küche". Die belegten Brote werden so ausgesehen haben wie in den besseren Kaffeeklappen: reichlich belegt mit Wurst,

Carl Aschinger (1855–1909).

Schinken, „Hackepeter", Ei oder Fisch – eben so, wie es die Berliner am liebsten hatten. Auch beim Essen stimmte der Preis: Die „Schrippen" kosteten ebenfalls nur 10 Pfennige.

Sauber und appetitlich ging es bei Aschinger zu: Die belegten Brote lagen gut sichtbar in hygienischen Glasvitrinen, die im Erdgeschoss gelegenen Lokale waren hell, das Personal adrett gekleidet, die Einrichtung und die Spiegelwände machten im Vergleich zu den düsteren „Klappen" einen vornehmen Eindruck. Die Gäste holten sich ihr Bier und ihre „Schrippe" an der Theke und gingen zu den Stehtischen. Wer es eilig hatte, konnte in ein paar Minuten wieder weiterziehen und seiner Arbeit nachgehen. Wer mehr Zeit mitbrachte, trank noch ein Bier.

In einem Bericht von 1896 werden die Bierquellen als „Stehbierhallen feinsten Stils" beschrieben, „in ihrem Innern ringsum mit prachtvollen Wänden aus geschliffenem Kristall ausgestattet."[20] Selbst die Vitrinen wiesen reiche Verzierungen auf. Das Bier und die Brote waren billig – die Lokale selbst und ihre Einrichtung durften diesen Eindruck auf keinen Fall erwecken. Dazu passt auch die Meldung, dass ein Schlosser in Arbeitskleidung in der Bierquelle Leipziger Straße „vergeblich ein Bier forderte". Es sei eine strenge Vorschrift der Geschäftsleitung, niemanden im „Arbeitsanzuge" zu bedienen. Die Bierquellen waren nicht als Arbeiterkneipen gedacht, sondern sollten breiteste Bevölkerungsschichten ansprechen.

Einladende Schaufenster, verschiedene Biersorten, sehr günstige Preise, reichlich belegte, schmackhafte „Schrippen", schnelle Bedienung und eine ansprechende Einrichtung: Die Brüder Aschinger hatten ein schlüssiges Konzept für ihre Bierquellen entwickelt, das einfach funktionieren musste. Was jetzt noch fehlte, war eine zündende Idee, ein Werbeeffekt, der Aschinger rasch in ganz Berlin bekannt machen sollte: die kostenlosen Brötchen. Wer ein Bier für 10 Pfennige bestellte, bekam die Brötchen gratis dazu, einen ganzen Korb voll – das war sensationell.

„Billiger und besser als alle anderen Lokale." So sah das „System Aschinger" also in der Praxis aus. Sicher hat sich das beschriebene Konzept der Bierquellen durch die Erfahrungen der Anfangszeit erst entwickelt und weiter verfeinert. Aber August und Carl Aschinger wussten von Beginn an, was sie wollten, und diesen Vorsprung konnte niemand mehr aufholen. Der Zulauf des Publikums und das Tempo der Bierquellengründungen mussten für die Konkurrenz der Berliner Wirte beängstigend sein und die Konkurrenz bekam tatsächlich Angst vor Aschinger, wie wir bald sehen werden.

Doch bleiben wir bei den Anfängen. Schon 1893 haben die Bierquellengründer eine zukunftsweisende Entscheidung getroffen. Sie richteten ihre erste Zentrale am Köllnischen Fischmarkt mit eigener Wurstfabrik ein. Ein Jahr später folgte die Bäckerei in der Theaterstraße: Die berühmten Brötchen kamen fortan aus der eigenen Backstube. Gleichzeitig konnte durch die zentrale Küche das Angebot auf warme Gerichte ausgeweitet werden. In der Wursterei wurden die Bierwürste kreiert, für die Aschinger so berühmt werden sollte.

Die legendären „Löffelerbsen mit Speck" folgten später. So wie auch erst nach einigen Jahren zu den reinen Stehbierhallen Bierquellen mit Sitzmöglichkeiten hinzukamen, um das warme Essen gemütlich einnehmen zu können. In den späteren Lokalen gab es getrennte Abteilungen mit „kalter Küche" für den eiligen Gast und mit „warmer Küche". Hier saßen die Gäste an Tischen und wurden bedient. Die gemütlichen, mit Kronleuchtern und Spiegeln aufwändig ausgestatteten Bierquellen-Restaurants erweiterten den Geschäftsbetrieb Aschingers erheblich. Neben der Laufkundschaft, die morgens oder in der knappen Mittagspause rasch ihre „Schrippen" verzehrte, kamen die Gäste jetzt auch abends, um in geselliger Runde ein Bier zu trinken und günstig zu essen.

Mit der wachsenden Zahl an Bierquellen und dem immer größeren Angebot an warmen Speisen wurden auch die Zentralen an wechselnden Standorten immer größer. Am Schluss dieser Entwicklung stand eine hoch technisierte Lebensmittelfabrik in der Saarbrücker Straße mit mehreren Hundert Mitarbeitern und einem großen Fuhrpark. Die Zentralbetriebe entwickelten ihre eigene Dynamik mit erheblichen organisatorischen und logistischen Herausforderungen. Außerdem mussten die riesigen Kapazitäten auch ausgelastet werden. Doch es gab keine Alternative: Aschinger warb mit dem Slogan „Günstigster Preis bei bester Qualität" und diese hohe, stets gleich bleibende Qualität wurde durch die vollständige Kontrolle des Herstellungsprozesses von der Schlachterei bis zur Bierwurst, vom Mehl bis zum Aschinger-Brötchen gesichert. Sogar den Mostrich für die Würstchen produzierte man selbst. Bei

Stehbierhallen wie hier an der Ecke Poststraße/Mühlendamm gab es Hunderte in Berlin, während die Destillen mit ihren hochprozentigen Getränken wie im Gebäude rechts immer weniger gefragt waren. Das Foto entstand um 1900 am Köllnischen Fischmarkt, ganz in der Nähe der Neuen Rossstraße.

Aschinger kam eben alles aus einer Hand, was den vielen Besuchergruppen und nicht zuletzt der Presse bei den Führungen durch die blitzsauberen Zentralbetriebe immer wieder erklärt wurde. Von August Aschinger wissen wir, dass er solche Führungen in den 1890er Jahren gerne selbst übernahm.

Die Frage, ob diese zentrale Produktion finanzielle Vorteile gegenüber dem Einkauf von (halb)fertigen Lebensmitteln hatte, mag betriebswirtschaftlich interessant sein, sie stellte sich aber der Unternehmensleitung faktisch nicht. Die eigene Herstellung nach immer gleicher Rezeptur unter Verwendung bester Rohstoffe war ein unverzichtbarer Bestandteil der Qualitätsmarke Aschinger und ein bewusst eingesetztes Werbeinstrument.

Das „sociale Band" der Bierquellen

Unschlagbar günstige Preise, aber keine „billigen" Lokale, was die Einrichtung oder Bedienung betrifft. Mit dieser klaren Abgrenzung von den Destillen, Kaffeeklappen und reinen Arbeiterkneipen öffneten sich die Bierquellen für ein breites städtisches Publikum: „Die arme Näherin, das hungrige Ladenmädchen, der Kommis oder Arbeiter, der eilige Geschäftsmann und der Bummler und dazwischen auch mancher Zylinderhut drängen sich im Aschinger-Ausschank um die blank gescheuerten Tische oder das Bufett mit der Fülle belegter Brötchen."[21] Aschinger wurde die Heimat des aufkommenden Kleinbürgertums, der einfachen Büroleute in Betrieben, Verwaltung und Banken, die trotz bescheidener Verhältnisse auf ein gepflegtes Äußeres Wert legten und vor allem auf den sozialen Abstand nach unten bedacht waren. In Arbeiterkneipen oder Kaffeeklappen des alten Stiles kehrten sie nicht ein.

Die Märkische Volkszeitung erklärte ihren Lesern dieses Phänomen der „klassenlosen" Bierquellen etwas herablassend so[22]: In den wenig ansprechenden älteren Stehbierhallen „fehlte gewissermaßen ein sociales Band, welches die ‚besseren' Kreise mit dem einfachen Manne auch auf dem Gebiete des Kneipenwesens friedlich vereinigte. Dieses hergestellt zu haben, darin ruht der beispiellose Erfolg, den die Aschinger'schen Bierquellen fanden, und der sich als ein so dauernder und nachhaltiger erwiesen hat. Diese Leute sagten sich, dass man auch bei vulgärem Kundenkreise auf eine dem gesteigerten Luxusbedürfnis entsprechende Ausstattung nicht verzichten dürfe. So ließen sie große Spiegel, Kristallkronen etc. anbringen und sorgten auch sonst für eine originelle ‚Aufmachung'. Hieraus resultierte eine gewisse Ungeniertheit, die ihre Anziehungskraft auf die verschiedensten Kreise übte, die es auch der Weiblichkeit gestattete, ohne Zimperlichkeit selbstständig für sich zu sorgen. Und da im Übrigen den kulinarischen Ansprüchen der Durchschnittsmenschheit auf das Reichhaltigste Rechnung getragen wurde, so konnte die rapide Entwicklung dieser Unternehmungen, die sich bald über die ganze Stadt verbreiteten, nicht Wunder nehmen."

Die Gebrüder Aschinger haben in ihren Lokalen mit der blau-weißen Dekoration zwar ein bayrisches Flair verbreitet, die Küche war jedoch „urberlinisch", wie die National-Zei-

Blick in eine Stehbierhalle im Jahr 1904.

Fototermin in der 28. Bierquelle am Potsdamer Platz um 1900. Spiegelwände und Kronleuchter gehörten zur vornehmen Ausstattung aller Lokale.

tung feststellte. Sie verstanden es, „der großen Masse zu beispiellos billigen Preisen nach dem Munde zu kochen" und haben „mit feinem Spürsinn die kulinarischen Neigungen einer ganzen Stadt" erkundet.[23] Also auch hier wieder die scharfe Beobachtungsgabe der zugezogenen Brüder. Das, was die Berliner am liebsten aßen, wenn sie es eilig hatten, sollten sie auch bekommen: belegte Brote in reicher Auswahl und Bierwürstchen mit Kartoffelsalat. Später, als man bei Aschinger auch noch gemütlich sitzen konnte, gehörten neben den Löffelerbsen mit Speck noch Schweine- oder Gänsebraten zu den Rennern. Der breiten Bevölkerung „nach dem Munde zu kochen" hieß aber nicht zuletzt, schmackhaft und reichlich zu kochen. Genussvoll essen bedeutet eben auch, satt zu werden.[24]

Konzessionen wie am Fließband

Die Konzessionen für die einzelnen Bierquellen wurden abwechselnd von August und Carl Aschinger beantragt. Das war einfach und bequem, waren die Herren doch bei den Behörden bekannt, ihr guter Leumund stand außer Zweifel. So erhielt beispielsweise Carl Aschinger vom zuständigen Stadtausschuss am 18.4.1894 „die Erlaubnis zum Ausschank von Wein, Bier und Kaffee in dem Hause Oranienstr. 146. Diese Erlaubnis ist nur für die hierin bezeichnete Person und das angegeben Local gültig."[25] Am 3. März 1896 wurde auf den gleichen Namen die Konzession für die 12. Bierquelle in der Leipziger Straße 79 ausgestellt. August Aschinger hatte zwei Monate früher die Berechtigung für die 10. Bierquelle am Hackeschen Markt 5, verbunden mit einer Konditorei, erworben. Und so ging es weiter.

Die Konzession galt „nur für die hierin bezeichnete Person", doch diese Bedingung stand lediglich auf dem Papier. Es gab einfach zu viele Bierquellen, als dass August und Carl Aschinger sie noch persönlich hätten führen können.

Organisatorisch war das kein Problem; die Brüder Aschinger ernannten für jede Bierquelle einen Geschäftsführer, der das Lokal leitete und gegenüber der Zentrale für den reibungslosen Betrieb verantwortlich war. Ihn könnte man als den eigentlichen Wirt der Quelle bezeichnen – doch er hatte keine Konzession! In der behördlichen Behandlung solch filialartiger Betriebe gab es offenbar eine Lücke, die sich August und Carl Aschinger geschickt zu Nutze machten. Die Gaststättenkette der Bierquellen hatte eben auch hier Neuland betreten.

Die Konkurrenz kritisierte diese „Erteilung von Massenkonzessionen" scharf und argwöhnte gar eine Vorzugsbehandlung der „Aschingerei" von behördlicher Seite. Ein gutes Einvernehmen scheint in der Tat bestanden zu haben, denn die Bierquellen-Betreiber hatten offenbar auch kein Problem bei der Verlegung der Polizeistunde auf ein Uhr oder zwei Uhr nachts. Mit offiziellen Petitionen wollten die Gastwirteverbände dieser – wie sie meinten – Ungleichbehandlung ein Ende machen. Doch das war die formale Seite. Treffen wollte man den übermächtigen Konkurrenten Aschinger, der einen ungebremsten Zulauf in seinen Bierquellen hatte und von der Presse oder gar den Behörden „gehätschelt" wurde, während alteingesessene Wirte mangels Gästen ihre traditionsreichen Lokale schließen mussten.

„Reklamehaftes Auftreten" und die hilflose Konkurrenz

Der „Verband der Gast- und Schankwirthe für Berlin und Umgebung" befasste sich ab 1897 intensiv mit der Frage der Massenkonzessionen. Das ist kein Zufall, denn Aschinger hatte in Berlin bereits 25 Bierquellen eröffnet und bedrohte die Existenz vieler Mitglieder. Bei einer Versammlung am 10. August jenes Jahres ging es heftig zu, wie wir aus dem offiziellen Verbandsorgan, der Deutsche Gastwirthe-Zeitung erfahren. Die Gewerbeordnung müsse geändert werden, um dem Unwesen der Massenkonzessionen eine Ende zu bereiten. Folgen wir dem Protokoll:

„In erster Linie handelt es sich hierbei um die vielen Schankstätten der Herren Gebrüder Aschinger und der Bierglocke". Kollege Zimmermann bezeichnete diese Lokale als „Krebsschäden in unserem Gewerbe, die dazu geeignet sind, die Kollegen mit kleineren Geschäften vollständig lahm zu legen. Kollege Reimann fordert Gegenmaßnahmen zusammen mit dem Verein der Berliner Gastwirthe und der Berliner Weißbierwirthe. Kollege Schönicke ist gleicher Meinung und spricht von einem ‚Kampf gegen das Großkapital'." Diesem arbeite die Regierung mit der Erteilung von Massenkonzessionen direkt in die Hände.[26]

Repräsentatives Haus in bester Lage: die 30. Bierquelle direkt am Bahnhof Friedrichstraße um 1910.

Der Gegner schien übermächtig, ein „Krebsschaden" und noch dazu mit dem „Großkapital" im Bunde. Dem Wirteverband dürfte klar gewesen sein, dass eine Änderung der Gewerbeordnung und des Konzessionswesens die weitere Ausbreitung der Bierquellen nicht stoppen konnte. Sie hatten dem neuartigen „System Aschinger" inhaltlich nichts entgegenzusetzen. Doch auf den Unmut und die Existenzangst der Mitglieder musste der Verband reagieren und forderte rechtliche Schritte, um die angebliche Bevorzugung von Aschinger und anderen „Kapitalisten" zu unterbinden.

So auch in einer Eingabe vom 1.12.1897 an den Polizeipräsidenten: „Wir gestatten uns ferner, die Aufmerksamkeit Ew. Hochwohlgeboren auf die rapide Vermehrung der Lokale der Gebrüder Aschinger und ähnlicher Unternehmungen so insbesondere der von der Gesellschaft ‚Glocke' ins Leben gerufenen hinzulenken." Zwar sei eine gesetzliche Handhabe gegen diese Lokale, „welche lediglich auf kapitalistischer Grundlage und in kapitalistischem Interesse betrieben werden", zurzeit nicht möglich, aber „so können wir kleinen Gast- und Schankwirthe, denen der Konkurrenzkampf mit jenen Unternehmungen des Großkapitals so schon schwer genug ist, doch wenigstens verlangen, dass die letzteren von den Behörden nicht noch besonders begünstigt werden."[27] Unnötig zu betonen, dass der Polizeipräsident die Anschuldigungen zurückwies. Es gebe keine Sonderregelungen bei der Konzessionierung.

Die Berliner Wirte sahen sich nicht nur den Aschinger'schen Bierquellen gegenüber, sondern auch noch den neuen Lokalen der Gesellschaft „Die Glocke" oder der ebenfalls erwähnten „Syphon- und Krugbier-Gesellschaften". Wenig durchdacht erscheint vor diesem Hintergrund der Aufruf, alle Brauereien zu boykottieren, die an die genannten Gesellschaften lieferten. Welche Bierproduzenten wären da noch übrig geblieben?

Bei allem verzweifelten Aktionismus hatte der Wirteverband doch sehr klar erkannt, worin die wahre Bedrohung durch Aschinger und Co. bestand. Es waren nicht nur die paar Dutzend Lokale, die angesichts von 10.000 Gaststätten in Berlin kaum ins Gewicht fielen. Es war viel-

Einladende Schaufenster wie bei den Bierquellen: „Aschinger's 6te Conditorei", Blücherplatz 2, um 1910.

mehr die ganz neue Art der Präsentation, die ungehemmte Zur-Schau-Stellung der einheitlich gestalteten Lokale an den zentralen Plätzen der Stadt, die großen Werbeschriften, die durch Massenabnahme und -produktion ermöglichten günstigen Preise und die enorme öffentliche Aufmerksamkeit, die den Bierquellen zuteil wurde. Wo sollte das alles enden, wenn fast jeden Monat eine neue „Quelle" aufmachte? Diese „kapitalistische" Dynamik machte den alteingesessenen Wirten Angst und deshalb wurde auch immer wieder der „Schutz des Mittelstandes" gefordert – ganz so wie von anderen vorindustriellen Branchen auch.

Ähnlich wie die gigantischen Warenhäuser mit ihren Lockangeboten und den großen Schaufenstern zogen die Bierquellen schon durch ihre bloße Existenz die Blicke der Menschen auf sich. „Dem Publikum drängt sich überall eine derartige Stehbierhalle auf, man kann sie sich schon gar nicht wegdenken."[28] Während der brave Schankwirt hinter seiner Theke stand und auf die Gäste wartete, erzeugten die neuen Lokale durch ihr „reklamehaftes Auftreten" Neugierde und massenhaften Zuspruch. Solchermaßen angelockt, ging die Verführung weiter: „Das Schnellbuffett machte die Speisen in neuer Weise zur Ware: Sie waren dem kritisch prüfenden und lustvollen Blick aller Gäste zugänglich, genau wie die Konsumgüter im Großkaufhaus."[29]

Aschinger entdeckt die Angestellten

Als „System Aschinger" oder manchmal auch abfällig als „Aschingerei" hat die zeitgenössische Presse das Erfolgsrezept der Bierquellen-Gründer bezeichnet. Hier nur ein Beispiel: Der Name Aschinger „ist in den wenigen Jahren seit seinem ersten Auftauchen zu einem umwälzenden Factor der Berliner öffentlichen Verpflegung geworden. Peinliche Sauberkeit, große Auswahl und vorzügliche Behandlung aller seiner Biere, deren er etwa zwei Dutzend ausschänkt, und vor allem der glänzende Gedanke, nicht große Mahlzeiten, sondern für den hastig vorübergehenden erschöpften Menschen der Großstadt einen schmackhaften kleinen billigen Imbiss mit dem denkbar geringsten Apparat zu liefern – die vollendetste Demokratisierung großstädtischen Kneipenwesens, alles dies zusammen hat dem Dutzend ‚Aschingers' eine unerhörte Beliebtheit beim Berliner Publikum verschafft. Man kann in seinen einladenden, eleganten Erfrischungsräumen einen Imbiss mit Bier verzehren, alles zusammen für nur 20 Pf."[30]

„Vollendetste Demokratisierung großstädtischen Kneipenwesens" – diese zeitgenössisch-schwärmerische Beschreibung des „Systems Aschinger" liest sich aus moderner sozialhistorischer Sicht so: Die Gäste aus den unterschiedlichsten Schichten erlebten „gleichsam eine flüchtige Aufhebung von Klassen- und Geschlechtergrenzen" wie an anderen Orten der aufkommenden Massenkultur auch. Hier

Aschingers 27. Bierquelle mit Konditorei und Restaurant in der Friedrichstr. 79a um das Jahr 1915.

wurde billiges Essen ohne den Hauch von Armut und Fürsorge der Volksküchen angeboten. „In den großen Restaurationshallen von Aschinger traten reale Klassengegensätze hinter die behagliche Illusion gesellschaftlicher Gleichheit zurück."[31]

Wer in der sozialen Hierarchie ganz weit unten stand, hing dieser Illusion der gesellschaftlichen Gleichheit vermutlich weniger nach. Weder die Kunden der Kaffeeklappen, noch die Arbeiter hatte Aschinger in erster Linie im Blick: Seine zwar billigen, aber „vornehmen" und „klassenlosen" Lokale in der Berliner Innenstadt waren dagegen für die wachsende Zahl der Angestellten und einfachen Beamten wie geschaffen. Aschinger „wandte sich, was bisher niemand getan hatte, vorwiegend den kleinen Angestellten zu, die nur über kurze Frühstücks- oder Mittagspausen verfügten und auch nur einen schmalen Geldbeutel besaßen. Dazu gehörten ein Heer von Schreibern, Kontoristen, Büroboten, Studenten, Lageristen kleinerer Firmen, das niedere Büropersonal überhaupt."[32] Touristen, in der Regel aus den gleichen Schichten, gesellten sich hinzu. Natürlich waren auch die Arbeiter in den Bierquellen willkommen – aber nur, wenn sie sich dem Milieu anpassten und entsprechend gekleidet waren. In Arbeiterkluft, das wissen wir aus einer Zeitungsmeldung, durfte in den Bierquellen niemand bedient werden.

Fröhliche Herrenrunde in einer Bierquelle um 1915. Die Zapfer tragen eine Uniform mit dem „A" auf dem Schulterstück, wobei es der Angestellte vor der Theke versäumte, für den Fototermin alle Knöpfe zu schließen.

Das Erfolgsrezept der Bierquellen

Fassen wir die verschiedenen Elemente einmal zusammen, die den rasanten Aufstieg der Aschinger-Lokale in Berlin ermöglicht haben.

Da sind zunächst die günstigen gesellschaftlichen und wirtschaftlichen Rahmenbedingungen zu nennen:

- Das Bier hatte sich zum unumstrittenen Volksgetränk Nummer eins entwickelt und verdrängte den Schnaps immer mehr an den gesellschaftlichen Rand.
- Deutschland erlebte ab 1895 eine fast zwanzigjährige Phase der Hochkonjunktur.
- Die Industrialisierung und Bürokratisierung führte gerade in Berlin zu einem Heer von Angestellten und Beamten. Diese neue Mittelschicht hatte zwar meist auch nicht viel Geld, grenzte sich aber von der Arbeiterkultur in ihrem ganzen (Freizeit-)Verhalten deutlich ab.
- Immer mehr Menschen, auch die Frauen, waren berufstätig und mussten sich in der kurzen Mittagspause oder zwischen zwei Dienstgängen „außer Haus" mit einem schnellen Imbiss versorgen.
- Viele Touristen aus dem In- und Ausland zog es in die pulsierende Hauptstadt.

Das Aschinger-Lokal mit warmer Küche in der Leipziger Straße 79 (Mitte der 1930er Jahre).

Von diesen Trends konnte grundsätzlich die gesamte Berliner Gastronomie profitieren, aber Aschinger erkannte den Zug der Zeit schneller als alle anderen und setzte das einmal entwickelte Konzept mit beeindruckender Konsequenz um:

- sehr günstige und einheitliche Preise für Bier und belegte „Schrippen"
- zahlreiche Biersorten zur Auswahl
- kostenlose Brötchen zum Bier
- schmackhafte, reichlich belegte Brote und einfache Gerichte
- höchste Qualität bei den Rohprodukten
- Qualitätskontrolle aller Speisen durch eigene Herstellung
- Selbstbedienung in den Stehbierhallen
- keine Wartezeiten für den eiligen Gast durch vorbereitete Speisen
- freundliche und schnelle Bedienung
- kein zusätzliches Trinkgeld
- große, einladende Schaufenster
- appetitliche Zur-Schau-Stellung der Speisen
- ansprechende, „vornehme" Einrichtung mit Kronleuchtern und Spiegeln
- Verbot von Arbeitskleidung bei den Gästen

- für alle Schichten offen
- Gemütlichkeit in den „warmen" Bierquellen
- Helligkeit und peinliche Sauberkeit in den Lokalen
- „reklamehaftes Auftreten" der Bierquellen
- einheitliche Gestaltung der Außenfassade
- Präsenz an den verkehrsreichsten Straßen und Plätzen Berlins
- absolute Verlässlichkeit und Sicherheit für den Gast durch das überall gleiche, standardisierte Angebot
- Kontaktpflege zu Presse und Behörden

Aschinger mit dem großen „A" und dem weiß-blauen Rautenmuster entwickelte sich zur Marke, das Angebot der bald 30 Bierquellen war überall gleich gut und gleich günstig – auf Aschinger konnte man sich eben verlassen.

Spiegel, Kronleuchter und Billardtische – Die Einrichtung der ersten Bierquelle

Die Aschinger'sche Zentralverwaltung hat nach 1900 genaue Inventarverzeichnisse der 30 Bierquellen und mittlerweile hinzugekommenen Konditoreien geführt. Auf vorgedruckten Blättern wurde von der Anzahl der Bierkrüge über das Mobiliar bis hin zum Preisschild alles festgehalten, was zur Ausstattung der Lokale gehörte. Schauen wir uns einmal die erste Bierquelle am Köllnischen Fischmarkt im Jahr 1905 etwas genauer an.[33]

Die Außenfassade schmückte ein Firmenschild mit der Aufschrift „Aschinger's 1te Bierquelle", das über 8 Meter lang und drei Meter breit war. Die zwei Bogenlampen über dem Eingang wurden bereits elektrisch beleuchtet. Im Innern zog das Bierbuffet die Blicke auf sich. Es bestand aus 16 „silbernen Trompeten mit Bierauslasshahn", also Zapfstellen, einschließlich zwei Kohlesäureapparaten. Über 1.200 Biergläser standen in den Regalen bereit. Neben den Halb- und Viertellitergläsern gab es auch schon die „modernen" Größen von 0,3 und 0,2 Litern. Ein kleines Glas Bier kostete wie in den Anfangsjahren noch 10 Pfennige.

Die belegten Brote lagen in vier gläsernen Spinden appetitlich bereit, während die Bierwürste in einem großen Kessel heiß gehalten wurden. Das Schild „Löffelerbsen mit Speck" verwies auf eine weitere Spezialität des Hauses. 1.400 Teller und Suppenschüsseln mit dem zugehörigen Besteck sollten auch dem größten Gästeansturm standhalten.

Überall an den Wänden, sogar an den Decken, waren Spiegel angebracht, die Gesamtfläche der 14 Spiegel addiert sich auf unglaubliche 740 Quadratmeter. Vornehm wirkten auch die Holzvertäfelungen und vor allem die fünf achtarmigen Kronleuchter aus Glas. Sie dürften 1905 noch ebenso mit Gas betrieben worden sein wie die Warmhalteküche. In der Stehbierhalle stand schließlich noch ein Springbrunnen mit Marmorbassin und einem Sockel aus Spiegelglas und Nickel.

Die Bierquelle hatte mindestens drei Zimmer für die Gäste: die Stehbierhalle mit einem Dutzend runder und ovaler Tische, das Restaurant mit 28 eckigen Tischen und über 200 Stühlen und

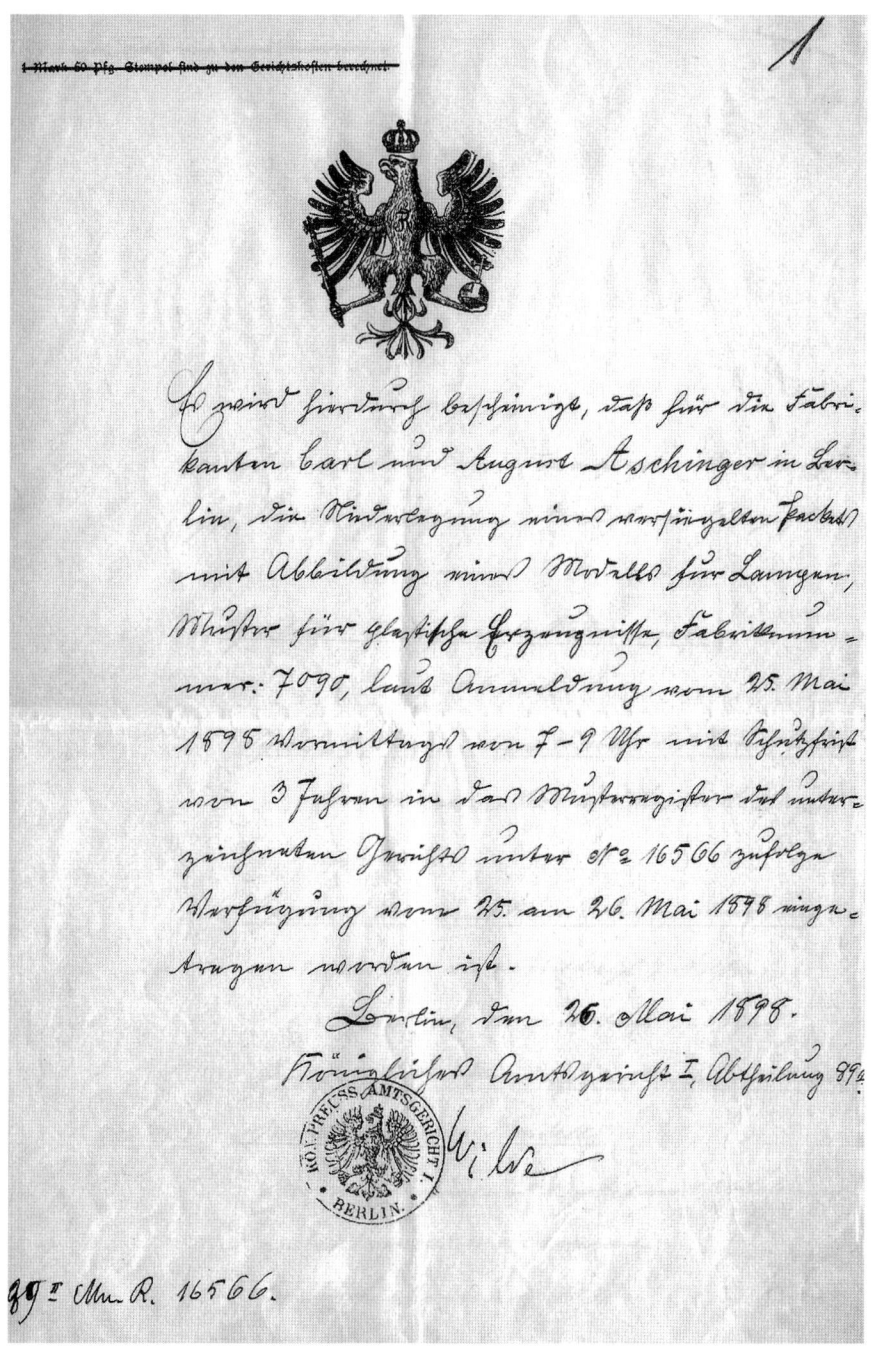

Carl und August Aschinger hinterlegen 1898 beim Amtsgericht Berlin die Abbildung eines „Modells für Lampenmuster", um es schützen zu lassen.

Blick über die Dächer von Berlin in den 1940er Jahren: Links erkennen wir das Aschingerhaus in der Friedrichstraße, rechts das Central-Hotel.

das Billardzimmer mit 5 Spieltischen und 52 Queues. Die silbernen Tischgestelle mit Salz, Pfeffer, Senf und anderen Zutaten waren Erfindungen der Aschinger-Brüder selbst, wie wir aus einer Patentanmeldung wissen. Das Gleiche gilt für die praktischen Bierabstreifer und viele weitere Gebrauchsgegenstände in den Lokalen.[34]

Über der Bierquelle befanden sich die Dienstbotenwohnungen mit insgesamt 50 Betten. Aschinger war bekannt dafür, dass er in großem Umfang Wohnungen an seine Angestellten vermietete. Für die ledigen Mädchen und jungen Männer, die häufig nicht aus Berlin stammten, war das sicher ein willkommenes Angebot. Andererseits festigte es die Bindungen zwischen dem Unternehmen und den Mitarbeitern in einer Branche, die ansonsten durch hohe Fluktuation gekennzeichnet war.

5 Der Durchbruch –
Die Berliner Gewerbeausstellung 1896

In den 25 Jahren nach der Reichsgründung 1871 hatte sich Berlin von einer Großstadt mit bereits beachtlicher Gewerbestruktur zu einer Industrie- und Finanzmetropole mit Weltgeltung entwickelt.[35] Eine solide Grundlage bildeten die führenden Unternehmen der Stahlproduktion und des Maschinenbaus ebenso wie die innerstädtische Infrastruktur und die gute Verkehrsanbindung der Stadt durch Wasserstraßen und Schienennetze. Ein Meilenstein war die Gründung der städtischen Elektrizitätswerke 1884, die zunächst Straßen und öffentliche Gebäude, ab 1895 aber auch die Straßenbahn und Zug um Zug die gesamte Stadt mit Strom versorgte. Dem Siegeszug der modernen Industriezweige, allen voran der elektrischen und chemischen Industrie, stand nichts mehr im Wege.

Was lag näher, als die atemberaubende wirtschaftliche Entwicklung Berlins in einer großen Gewerbeausstellung oder gar Weltausstellung zu dokumentieren? Die Planungen reichten viele Jahre zurück und wurden im Wesentlichen nicht von staatlichen Stellen, sondern vom Berliner Gewerbe selbst getragen. Nachdem die Weltausstellung auch an der Zurückhaltung des Kaisers gescheitert war, konzentrierte man sich auf eine hauptstädtische Leistungsschau mit durchaus internationalen Ambitionen. Schließlich war es das erklärte Ziel der Veranstalter, „der ganzen Welt die grossen Fortschritte darzuthun, die Berlins Industrie, Gewerbe und Kunstgewerbe in den letzten Jahrzehnten gemacht haben."[36]

Eine besondere Attraktion war die 3,4 Kilometer lange, elektrisch betriebene Rundbahn. Für 10 Pfennig konnten sich die Besucher durch das Gelände fahren lassen, wobei die Fahrt mit dem neuartigen Transportmittel natürlich ein Erlebnis für sich war. Die Bahn führte um den eigens ausgehobenen „Neuen See". An ihn schlossen sich einerseits das Hauptrestaurant mit einem Aussichtsturm und auf der anderen Seite das zentrale, 400 Meter lange Ausstellungsgebäude an. Einzelne Industriezweige und Einrichtungen hatten ihre eigenen Häuser, so Chemie, Fotografie, Nahrungs- und Genussmittel, die Stadt Berlin oder der Berliner Lokalanzeiger.

Für die teils als märchenhaft, teils als monumental beschriebenen zentralen Gebäude war neben anderen der berühmte Architekt Bruno Schmitz verantwortlich, der uns später nochmals begegnen wird. Ansonsten folgten die rund 300 Einzelobjekte keinem einheitlichen Gestaltungsprinzip und sorgten eher für Verwirrung: „Die Wirkung der Mehrzahl der unendlich vielen, wahllos über das Gelände verstreuten Einzelgebäude, vor allem der Restaurationshäuser, lässt sich nur mit dem Wort Kitsch beschreiben. Knorrige Holzhütten und bucklige Hexenhäuser buhlten um die Gunst des Publikums."[37] Für viele Besucher standen auch nicht unbedingt die technischen Errungenschaften der Gewerbeausstellung im Mittelpunkt des Interesses. Das Gelände mit See und Vergnügungszentrum war durchaus als Freizeitpark angelegt.

Wer sich näher mit der Ausstellung befasste, erlebte eine verwirrende Vielfalt an Produkten und Techniken von der traditionellen Landwirtschaft bis hin zu den kaum verständlichen

Das großzügige Gelände der Berliner Gewerbeausstellung von 1896. Links von dem zentral gelegenen See befand sich das Restaurant mit dem markanten Turm, rechts ist die Hauptausstellungshalle zu sehen. Unten an der Spree das so genannte „Nasse Viereck", in dem auch Aschinger mit seinen Pavillons vertreten war.

Verfahren der chemischen oder elektrischen Industrie. Elektromotoren von Siemens & Halske oder die gezeigten Benzin- und Dieselmotoren standen im Kontrast zu den riesigen Dampfmaschinen und ließen ein neues Zeitalter erahnen. Dass jedoch die Automobile, in der Gewerbeausstellung mit nur wenigen Exemplaren vertreten, die Pferdekutschen und -fuhrwerke innerhalb einer Generation aus dem Berliner Straßenbild verdrängen würden, konnte wahrscheinlich niemand vorhersehen.

Schon gar nicht, wenn man sich nach „Alt-Berlin" begab. Hier wurden auf einer Fläche von 45.000 Quadratmetern viele Häuser und Plätze aus der Zeit um 1650 nachgebaut sowie nostalgische Geschäfte und Wirtschaften eingerichtet. Diese Präsentation gehörte ebenso wie die Ausstellung „Kairo" zu den Rennern der Gewerbeausstellung. Natürlich war auch der in jener Zeit unverhohlene Nationalismus greifbar. Bereits das Datum – 1896 – nahm Bezug auf das 25-jährige Jubiläum der Reichsgründung und der Reichshauptstadt Berlin. Flottenparade, Kaiserporträts und die Kolonialausstellung samt der herbeigeschafften Eingeborenen sollten deutsche Größe demonstrieren.

Das Interesse an der Kolonialschau war groß, gestattete sie doch einen wie auch immer verfälschten Blick in eine ferne und fremde Welt. Der amtliche Führer durch die Ausstellung lobte diese Inszenierung als „eine der umfangsreichsten und fesselndsten" der gesamten Gewerbeschau. Die unverhohlene Begeisterung führte zu unfreiwilliger Komik, etwa wenn es im Zusammenhang mit einer nachgebauten „Kameruner Dorfstraße" heißt: „Das Material ist echt, ebenso sind es die Farbigen, Männer, Frauen und Kinder, etwa 24 an der Zahl, die von dem deutschen Gouvernement aus Kamerun hierhergeschickt worden sind und hier ihren Sommerwohnsitz genommen haben." Die Unterabteilung Ost-Afrika hatte als besondere Attraktion die Nachbildung der „Festung des Sultans Sicki". „Dieser Platz war die stärkste Befestigung der Eingeborenen Ostafrikas; sie wurde zuerst im Jahre 1892 von dem Grafen Schweinitz erstürmt, der bei dieser Gelegenheit schwer verwundet wurde, und später im Jahre 1893, nachdem der Sultan sich abermals aufgelehnt hatte, von dem Kompagnieführer Prinz zerstört. Die Befestigungen bestehen aus einer Anzahl Ringen. Der äußere Ring wird durch einen dreifachen 8-10 Meter hohen Palissandenzaun gebildet. Auf den Palissandenpfählen erblickt man ungefähr 50 Menschenschädel."[38] Doch damit nicht genug: Die 40 Massai mussten in der von den Kolonialherren nachgebauten Festung auch noch heimisches Alltagsleben demonstrieren.

Mit 7,4 Millionen zwischen Mai und Oktober 1896 blieb die Zahl der Besucher dennoch hinter den Erwartungen zurück, was auf den ungewöhnlich kühlen und verregneten Sommer jenes Jahres zurückgeführt wurde. Wesentliche Impulse durch die Gewerbeausstellung erhielt auf jeden Fall der öffentliche Verkehr Berlins. Die elektrischen Straßenbahnlinien, von Siemens & Halske betrieben, setzten sich gegen die veralteten Pferdeeisenbahnen durch, Omnibuslinien wurden erweitert, Straßen ausgebaut und an der Ringbahn ein eigener Ausstellungsbahnhof errichtet. Auch die Pferdebahn und der Schiffsverkehr auf der Spree – teilweise sogar schon mit elektrisch betriebenen Booten – spielten eine wichtige Rolle. Beinahe wäre sogar noch eine U-Bahnlinie zum Ausstellungsgelände im Berliner Osten fertig geworden, doch das scheiterte an baulichen Problemen.

Aschingers Glaspavillons

Immerhin kamen an sieben Ausstellungstagen jeweils mehr als 100.000 Besucher in den Treptower Park. Diese gewaltigen Menschenmengen mussten verpflegt werden. Nicht jeder konnte sich das zentrale, von den Berliner Spitzenhäusern Dressler und Adlon betriebene Hauptrestaurant leisten. Die Mehrheit suchte eine schnelle, unkomplizierte und vor allem günstige Verpflegung, schließlich waren schon die Eintrittspreise für Arbeiterfamilien recht hoch.

Diese Erwartungen konnte niemand besser erfüllen als Aschinger. Gerade einmal dreieinhalb Jahre vor Beginn der Gewerbeausstellung hatten die beiden Brüder ihre erste Stehbierhalle eröffnet. Jetzt gehörten sie mit ihren zwölf im ganzen Stadtkern verteilten Bierquellen schon zur etablierten gastronomischen Gesellschaft Berlins. Auf dem Übersichtsplan des Ausstellungsgeländes ist Aschinger gleich mehrfach eingezeichnet. Es handelte sich um vier Glaspavillons, die in dem großen Bewirtungsquadrat nahe der Spree aufgestellt waren. Der amtliche Führer weist darauf hin, dass Aschinger hier „wie in seinen Berliner Geschäften belegte Brödchen und Würstchen verkauft". Auch die bekannten Berliner und vor allem bayrischen Brauereien hatten in diesem so genannten „Nassen Viereck" ihre Zelte und Stände.

Die Beteiligung an der Ausstellung war ein großer Erfolg und eine Anerkennung für die Bierquellen-Gründer, denn die Organisatoren werden sehr darauf geachtet haben, dass die imageträchtige Gewerbeschau nicht durch eine schlechte Bewirtung in die Kritik geriet. Das galt für die einfache und schnelle Küche à la Aschinger ebenso wie für die ebenfalls vertretene gehobene Gastronomie. Gleichzeitig bedeutete die Beteiligung Aschingers einen weiteren Gewinn an Popularität durch die millionenfachen Besucher und die Presseberichte. Das liest sich dann so:

Es sei anerkennenswert, dass man nicht nur für die „oberste Schicht der Besucher, die sich doch nur täglich auf höchstens 10.000 belaufen kann, sondern auch für die 50 bis 100.000 so verständnisvoll gesorgt hat. Da ist vor allen Dingen der stets willkommene Aschinger. Aschinger feiert bei der Ausstellung wahre Triumphe, zumal bei der ärmeren Bevölkerung. Aschinger hat es fertig gebracht, trotz der nicht unbedeutenden Kosten für den Aufbau seiner großen Glaspavillons und trotz der gewiss sehr hohen Pachtsumme, die er zahlen muss, genau dieselben Preise innezuhaben wie in der Stadt. Er verzapft ein ausgezeichnetes helles Bier aus dem Böhmischen Brauhaus."[39]

Angeboten wurden wie in der Stadt „Weißbrötchen mit Käse, Wurst, Schinken, Zunge, Sardellen, Eiern, Krabben, Tartar usw. für zehn Pfennige" oder eine „gute, saftige, warme Wurst" mit Kartoffelsalat für 30 Pfennige.

Natürlich dieselben Preise wie in der Stadt! August und Carl Aschinger hatten den riesigen Werbeeffekt der Ausstellung erkannt und auf noch mehr Popularität statt auf schnellen Gewinn gesetzt. Zumal die Bierquellen mittlerweile auch Eingang in die Stadtführer Berlins gefunden hatten. Der bekannteste von ihnen, der „Baedeker", empfiehlt „die in neuester Zeit entstandenen zahlreichen Bierquellen" ab der Ausgabe 1894 zur „Einnahme eines Imbiss".

Alles in allem ist das Jahr der Berliner Gewerbeausstellung ein wichtiger Meilenstein in der Erfolgsgeschichte der Bierquellen: Die Gründungsphase war mit einem Dutzend Lokalen abgeschlossen, das „System Aschinger" hatte sich bestens bewährt und der weiteren Expansion im Sinne einer „Demokratisierung des großstädtischen Kneipenwesens" stand nichts mehr im Wege.

Auch nicht die neuen „Automatenrestaurants", wie sie auf der Gewerbeschau erstmals von der Firma Sielaff präsentiert worden sind. Hier konnten die Besucher nach Münzeinwurf ihr Bier selbst zapfen und auch die Speiseausgabe erfolgte automatisch. Der amtliche Ausstellungsführer ist begeistert: „Sehr interessant sind die Automaten zum Verkauf von warmen Speisen. Diese Maschinen werden elektrisch gewärmt; jede frisch bereitete Speise steht auf einer elektrisch geheizten Wärmplatte und bleibt deshalb längere Zeit frisch und schmackhaft. Sämtliche Automaten sind rings um die elektrisch beheizte Küche des automatischen Restaurants aufgestellt und werden vom Koch stets frisch gefüllt. Dadurch werden wieder Kellner und Kassierer überflüssig."[40] Doch das war auch die große Schwäche der Automatenrestaurants: Es fehlte ihnen jede Art von Geselligkeit und Gemütlichkeit, sie dienten lediglich der anonymen Nahrungsaufnahme in einer sterilen Umgebung. Für ein schnelles Bier mag das noch angehen – aber ein warmes Essen aus dem Automaten? Bei aller technischen Faszination blieben diese Lokale eine Modeerscheinung, auch wenn Aschinger zeitweise selbst einige automatische Bierquellen in Betrieb hatte.

Ehrenbürgerbrief der Gemeinde Derdingen für August Aschinger vom 8. April 1910 anlässlich seines 48. Geburtstages. Die Verleihung war mit einem großen Fest in der Heimatgemeinde Aschingers verbunden.

Bereits neun Bierquellen verzeichnet diese Karte aus dem Jahr 1895. Links die Zentrale am Kölnischen Fischmarkt 5, gefolgt vom Hofbräuhaus in der Leipziger Straße 85 und der fünften Bierquelle in der Friedrichstraße 151.

Diese Postkarte aus dem Jahr 1896 erzählt uns viel über den frühen Aschinger: Links die adrett gekleideten Gäste in der Stehbierhalle und rechts das Verzeichnis der mittlerweile 13 Bierquellen. Unten schließlich einer der blau-gestreiften Transportwagen, die von der Zentrale am Fischmarkt aus die verschiedenen Lokale mehrmals täglich mit frischer Ware versorgt haben.

Der „Stadt-Ausschuß für Berlin" stellt Carl Aschinger 1897 die Zusatz-Konzession für den „Ausschank von Cognac und feinen Likören" im Lokal Leipziger Straße 79 aus. Die aufgeklebten Stempelmarken dienen als Beleg für die bezahlte Gebühr in Höhe von 98,50 Mark.

Die sechste Bierquelle und vierte Konditorei am Moritzplatz (Oranienburger Straße) in den ersten Jahren nach Gründung der „Aschingers Bierquelle Actien-Gesellschaft" 1900.

Die große Berliner Gewerbe-Ausstellung 1896 bedeutete auch für Aschinger den Durchbruch: In mehreren Pavillons sorgten die Bierquellen-Betreiber für eine günstige und schnelle Verköstigung der Besucher.

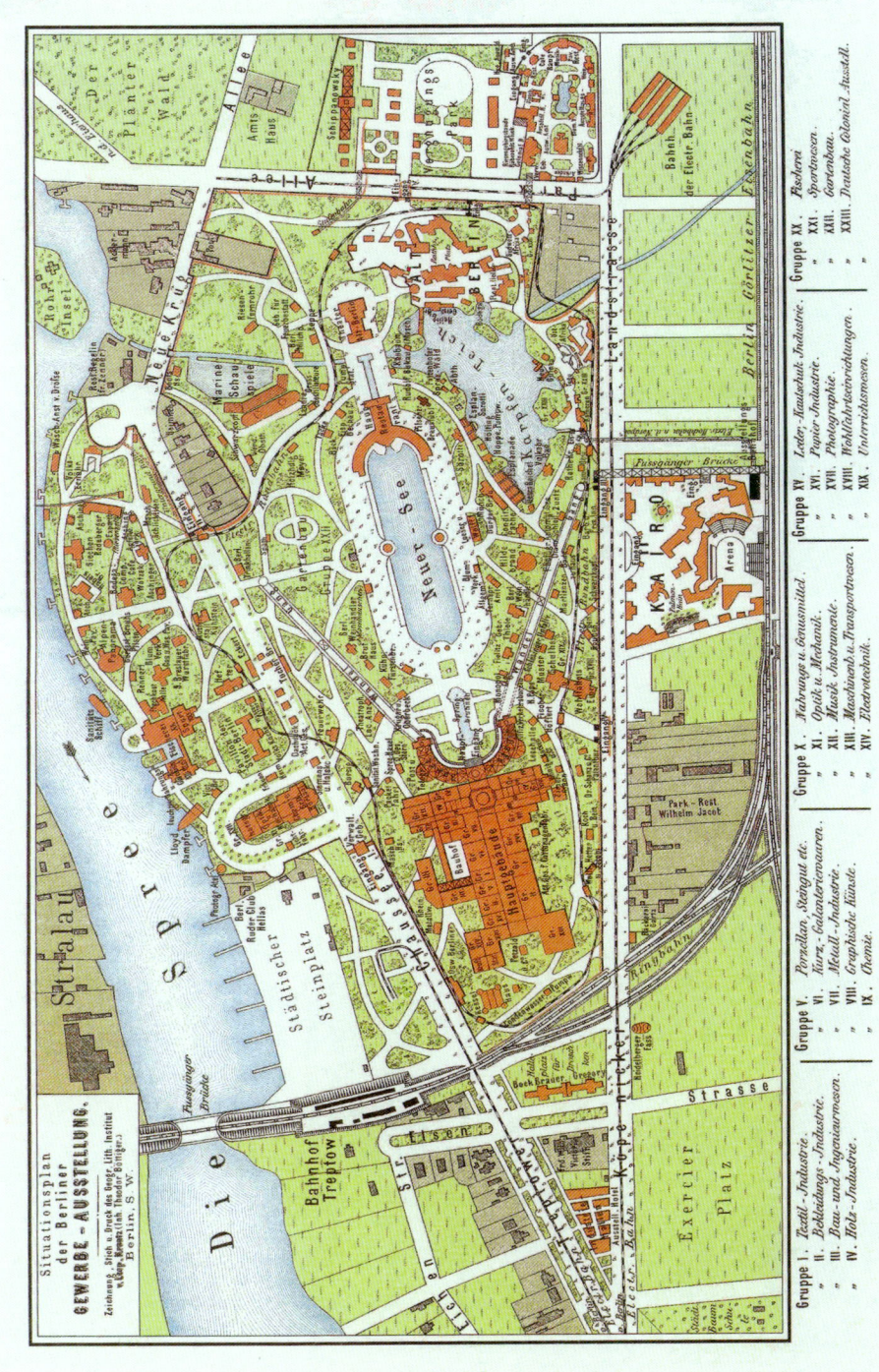

„Situationsplan" der Berliner Gewerbeausstellung 1896 mit dem Hauptausstellungsgebäude links vom See und weiteren Abteilungen. Am oberen Bildrand, im Bewirtungsviertel an der Spree, ist mehrfach der Name „Aschinger" eingetragen. Deutlich zu erkennen ist auch die elektrische Rundbahn.

Eckgebäude sind für Gaststätten besonders attraktiv, so wie hier bei der neunten Bierquelle in der Rosenthaler Str. 72a kurz nach 1900. Das Lokal erstreckte sich über zwei Stockwerke, wie wir an der Aufschrift „Warme Küche" an den oberen Fenstern sehen. Die Ansichtskarte wurde mit dem blau-weißen Muster, dem Markenzeichen der Bierquellen, koloriert.

Die 28. Bierquelle in der Potsdamer Str. 1a.

Schon „30 Bier-Quellen" kann diese Karte aus dem Jahr 1901 stolz vermelden. Vornehm und doch gesellig geht es in der Bierquelle am Alexanderplatz zu: Die elegant gekleidete Dame im Vordergrund genießt gerade ein Paar Aschinger-Bierwürste, die von der Wurstmamsell in ihrem Häuschen ausgegeben werden. Die Herren rechts hinten lassen sich von den Zapfern eines der vielen Biere einschenken. Rechts die Bierquelle mit Konditorei von außen.

Belebter Potsdamer Platz mit dem Hotel Bellevue (um 1900).

„Trink hier den Cafee". Der Postkartenschreiber lag 1903 mit seinem Tipp für das berühmte Café Bauer sicher richtig. Rechts daneben die nicht minder beliebte Konditorei Kranzler (Straße Unter den Linden).

Die Promenade „Unter den Linden" mit dem Denkmal Friedrichs des Großen in alter Zeit.

Potsdamer Platz mit Blick auf den Bahnhof in den ersten Jahren nach dem Bau des Hotels Fürstenhof (links). Das Bierhaus Siechen wurde 1910–1912 an Stelle des rechts abgebildeten Gebäudes errichtet.

Berlin Alexanderplatz mit Blick auf den Bahnhof.

„Speisen-Karte" vom 24. Juni 1929 für die 26. Bierquelle. Unter dem großen „A" ist der Zentralbetrieb abgebildet.

„Was ist los in Berlin?" – Zur Olympiade 1936 hat Aschinger einen kleinen Reiseführer herausgegeben.

Sinnreicher Werbespruch auf der Rückseite des Reiseführers.

Nützlicher Werbeträger: Ein Bierdeckel aus den 1930er Jahren.

„Eßt mehr Fisch!" lautete die Botschaft dieses Aschingerheftes aus dem Jahr 1938. Für 75 Pfennige gab es gebackenen Merlan oder Dorsch in Weißwein. Das Amt für Reichsfischwerbung lobte diese Initiative als „Fortschritt im Kampf um die wirtschaftliche Freiheit".

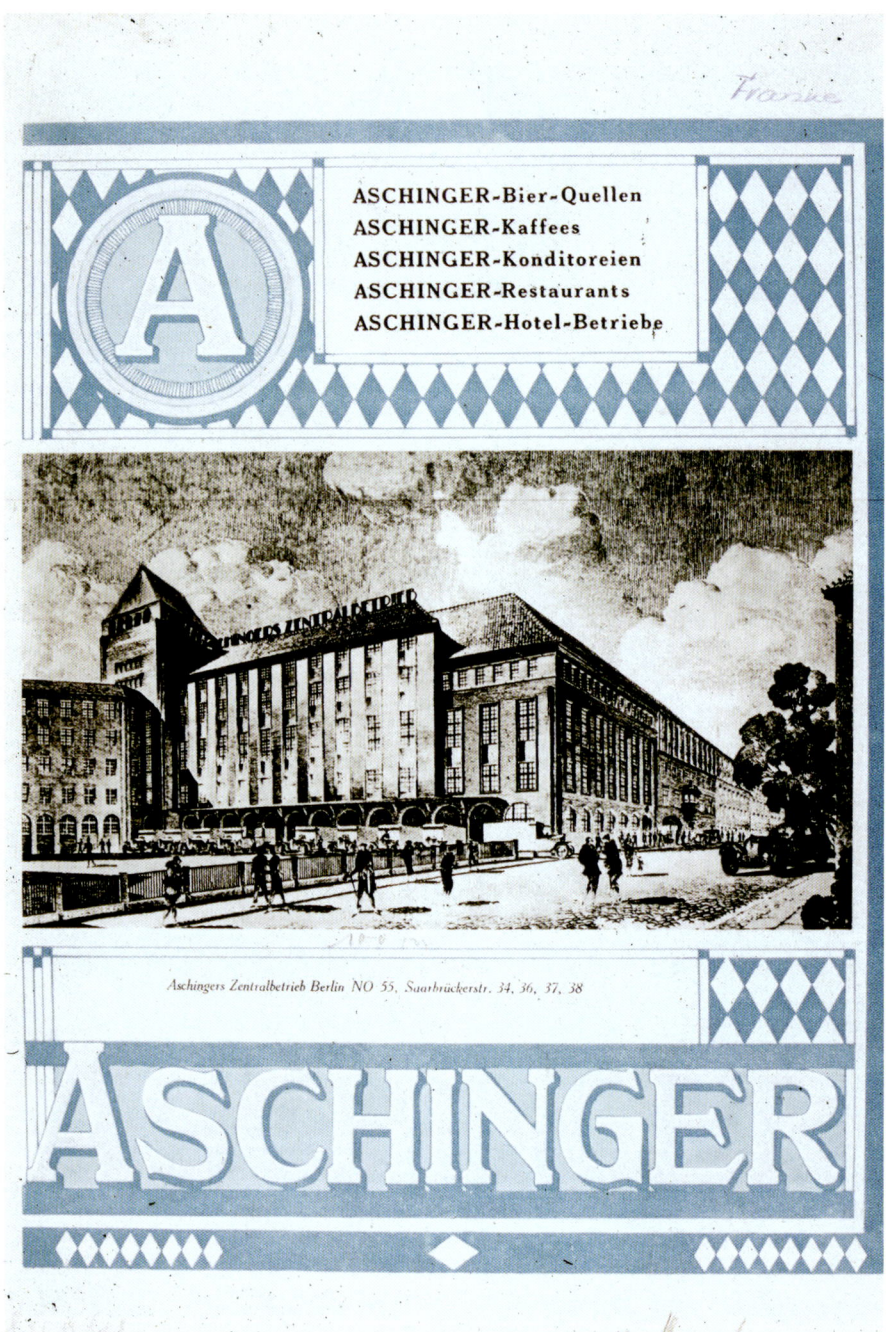

Die Aschinger-Zentrale in der Saarbrücker Straße 34-38 am Prenzlauer Berg schmückte das Titelbild einer Werbebroschüre aus den 1940er Jahren.

Eine Seite aus dieser Broschüre zeigt die Schlachterei, die Wurstfabrikation und die Kartoffel-Schälerei.

Das alte Rathaus von Oberderdingen in der Brettener Straße.

Im Geburtshaus der Brüder Aschinger befindet sich heute das Museum Aschingerhaus.

6 Qualität aus einer Hand – Die Aschinger-Zentralbetriebe

In den 30 Berliner Bierquellen gab es immer und überall das Gleiche. Das mag langweilig klingen, hatte jedoch für die Gäste enorme Vorzüge: Wer vor einer Bierquelle stand, wusste, was ihn hier erwartete, negative Überraschungen waren weitgehend ausgeschlossen. Das appetitlich dargebotene Essen war überall gleich und von gleich guter Qualität, das Bier stets frisch gezapft. Man konnte sich eben auf seinen Aschinger verlassen. Ein unschätzbarer Vorteil für alle, die es eilig hatten und nicht lange überlegen konnten, wo sie die kurze Mittagspause für einen Imbiss nutzen sollen. Aber auch für jene, die einfach keine Experimente eingehen wollten beim abendlichen Gang ins Wirtshaus. Bei Aschinger stimmten Preis und Qualität. Dafür stand das große „A" als Markenzeichen.

Für diese gleich bleibend hohe Qualität der Bierwürste, des Kartoffelsalates oder der berühmten frischen Brötchen sorgte Aschinger selbst. In den firmeneigenen Zentralbetrieben und der Bäckerei wurden die Speisen täglich frisch zubereitet, von den Würstchen und Brötchen bis hin zum Senf und zur Sauce für den damals schon beliebten „italienischen Salat". Hier wurde auch früh auf rationelle Produktion durch den Einsatz modernster Küchenmaschinen

Die vielen Köche haben bei Aschinger nichts verdorben. Hier wurde alles nach streng vorgegebener Rezeptur zubereitet.

und -geräte Wert gelegt. Schließlich mussten unvorstellbare Mengen nach vorgegebener Rezeptur zubereitet und exakt portioniert werden. Nur durch diese „industrielle Lebensmittelfertigung"[41] konnten zudem die Herstellungskosten niedrig gehalten werden.

Der Zentralbetrieb war eigentlich immer zu klein, denn die Zahl und das Angebot der Bierquellen und später der Konditoreien wuchsen stetig an. Die erste kleine zentrale Küche entstand 1893 am Köllnischen Fischmarkt. Schon 1896 zog man in die Stadtbahnbögen unweit des Alexanderplatzes. 1902 baute das Unternehmen – inzwischen als Aktiengesellschaft – eine vierstöckige Zentrale in der Neuen Friedrichstraße 11, die laut Vorstand „in jeder Hinsicht als vollkommen" zu bezeichnen war. Doch schon zehn Jahre später – zu den Bierquellen kamen zwischenzeitlich das Weinhaus Rheingold und das Hotel Fürstenhof als Großabnehmer hinzu – wurde ein noch viel größerer Zentralkomplex in der Saarbrücker Straße am Prenzlauer Berg in Betrieb genommen. Hier nun hatte Aschinger seinen endgültigen Standort gefunden.

Die Brüder Aschinger und die spätere Geschäftsleitung haben rasch erkannt, dass sie die Zentralbetriebe als Werbeträger nutzen konnten. Unzählige Besuchergruppen wurden durch Metzgerei, Küche und Lagerräume geführt, um ihnen zu zeigen, worauf es Aschinger immer ankam: höchste Qualität bei den Lebensmitteln und peinliche Sauberkeit bei der Zubereitung. Die Journalisten, für die es spezielle Führungen mit anschließendem Imbiss gab, verbreiteten diese Philosophie weit über Berlin hinaus. In der Sprache des Jahres 1897 liest sich das so:

„Die Herren Carl und August Aschinger haben sich entschlossen, dem großen Publikum die sehenswürdigen Einrichtungen der Centrale zugänglich zu machen. Es wird für gemeinnützige Zwecke, die hauptsächlich den Armen Berlins zu gute kommen sollen, ein kleines Entree erhoben werden, welches berechtigt, das Etablissement in allen seinen Theilen zu besuchen. Unsere Hausfrauen dürften sicher nicht versäumen, dieses ebenso großartige wie mustergiltige Etablissement in Augenschein zu nehmen und von dem Gesehenen hoch befriedigt sein."[42]

„Die bewegende Kraft ist Elektrizität" – Aschingers Zentralbetrieb in den Stadtbahnbögen um 1900

Die zeitgenössischen Berichte gestatten uns heute noch einen Blick in die Lebensmittelfabriken Aschingers. Damals wie heute kann man eigentlich nur staunen angesichts der unglaublichen Fleisch- oder Kartoffelmengen, die hier täglich verarbeitet worden sind. Erstaunlich auch die technische Ausstattung und der Erfindungsreichtum der Brüder Aschinger, die ihre gigantischen Küchenmaschinen weitgehend selbst entwickeln haben.

Wir folgen ausführlich dem erwähnten Bericht aus dem Jahre 1897 und lassen uns in aller Ruhe durch „Aschingers Werkstatt" am Alexanderplatz führen. Die Sprache ist etwas ungewöhnlich, aber die Mühe des Rundganges lohnt sich:

Die „Gebrüder Aschinger haben hier eine Zentrale geschaffen, von der aus die vielen hunderttausend hungrigen Mägen und durstigen Kehlen aller derer gespeist und getränkt werden, die während des Tages die appetitlichen Brötchen und das schäumende Nass in den Detailgeschäften der Firma verzehren. Diese Zentrale befindet sich an der Stadtbahn vis-à-vis dem Königlichen Polizei-Präsidium, und es sind nicht weniger als fünf Stadtbahnbögen gemiethet worden, in welchen sich die Küchen- und Lagerräume sowie die Expedition von Gebrüder Aschinger befinden.

In den mit eleganten Porzellankacheln ausgelegten und peinlichst sauber gehaltenen Räumen finden wir elegante Bassins für Majonnaisen, italienischen Salat und Kartoffelsalat, deren jedes 8 Centner derartiger Speisen fasst. Für den Tagesbedarf werden ca. 1.000 bis 1.500 Portionen in Geleé, wie Sülzcotelette, Hummer in Gelée, im Kühlhaus aufbewahrt. Essig und Öl werden mittels Pumpen vom Lagerraum nach dem im Oberstock gelegenen, 25 Centner haltenden Bassin hinaufgeführt.

Das erste Stockwerk dient den Lagerräumen. Wir betreten zuerst die Conservenabtheilung, in welcher 6000 Büchsen à 10 Pfund für den Wochenbedarf aufgestapelt sind. Den Mittelpunkt alles Interesses aber bildet die Küche, in welcher etwa 50 Personen ständig von Morgens 6 bis Abends 10 beschäftigt sind. Die Küche ist mit allem Comfort und maschinellen Erfindungen der Neuzeit versehen. Die meisten dieser Erfindungen rühren von den Inhabern, Gebrüder Aschinger, her. Die Maschinen selbst werden von einem elektrischen Motor von 12 Pferdestärken getrieben. Da finden wir zuvörderst ein von polirtem Granit gefertigtes Bassin nebst Rührvorrichtung, in welchem täglich 25 Zentner Kartoffelsalat gerührt werden. Die Dampfkochmaschine speist gleichzeitig 4 große Kessel bis zu 500 Liter Inhalt. Die Kartoffeln, von denen etwa 50–60 Centner täglich gebraucht werden, werden mittels Winden in den riesigen Kessel ein- und aus dem Keller ausgehoben, und nicht weniger als 30 Küchenmädchen müssen ständig Kartoffeln schälen. Die größte Sehenswürdigkeit der Küche aber ist unstreitig der Gasbratofen, der 6 Abtheile enthält. Bezeichnend für die Quantitäten, die in diesem Bratraum fertig gestellt werden, ist die Thatsache, dass nicht weniger als 60 Gänse auf einmal dort gebraten werden. Hier finden wir auch einen automatischen Gewürzmörser mit elektrischer Klopfvorrichtung und einen Eierkocher-Apparat, in welchem 942 Eier zugleich

Der große „Eierkocher-Apparat" für fast 1000 Eier in Aschingers Zentralküche begeisterte die Presse schon vor 1900. Diese Vorrichtung und viele weitere Geräte haben die Brüder Aschinger selbst erfunden.

auf einmal gekocht werden, ohne dass ein Ei das andere berührt. Eine Gurkenschneidemaschine für Salat schneidet in der Stunde etwa 60 Schock Gurken. Ebenfalls stehen daselbst die großen Maschinen für Sauce zum italienischen Salat, Majonnaisen, deren jede Maschine 3 Centner gleichzeitig verarbeitet.

In den Kellereien ist die Schlächterei untergebracht, deren Dimensionen dem Tagesbedarf von 80 bis 100 Zentner Fleisch entsprechen. Auch hier herrscht, wie überall in der Aschinger'schen Musterwirthschaft, die peinlichste Sauberkeit. Die Tische sind mit Marmor, der Fußboden mit Prozellankacheln ausgelegt. Hier wird auch die jedem Berliner wohl bekannte Aschinger-Bierwurst fabriciert, und nicht weniger als 12 Fleischer arbeiten angestrengt von Morgens früh bis Abends spät, um die riesigen Quantitäten dieser Leibspeise der Berliner Bevölkerung herzustellen. Recht interessant ist auch ein selbständiger Wiegeapparat, dessen neun Messer unausgesetzt das Fleisch zerkleinern. Daneben finden wir Fleischschneidemaschinen, Mengmaschinen und einen Gelée-Klärapparat (für 1000 Liter berechnet), deren sinnreiche Construction gleichfalls von Gebrüder Aschinger erdacht ist. In den 4 Rauchkammern werden pro Stunde 4000 Paar Würste fertig gestellt. In dem Wurstkessel können 10 Centner Wurst gekocht werden. Ebenso ist ein Pökelkühlraum vorhanden, in welchen 10 Centner Pökelfleisch in isolirten Bassins aufbewahrt werden.

Ein weiterer Stadtbahnbogen dient Aschingers Dampfwäscherei; hier werden Servietten, Tischtücher, kurz alle Wäsche, deren die Detailgeschäfte der Firma benöthigen, gewaschen und geplättet. Auch hier ist wieder ein Beweis mehr gegeben, mit welchen Quantitäten das Riesengeschäft zu rechnen hat; nicht weniger als 20 Centner schmutzige Wäsche werden täglich daselbst durch 70 Mädchen gesäubert.

Für die bereits bestehende Dampfbäckerei von Gebrüder Aschinger ist ein neues Gebäude in der Sophienstraße errichtet, in welchem 6 Dampföfen Tag und Nacht Semmeln und Brot backen, und jedes Geschäft erhält von da aus mittels eigener Geschäftsdreiräder täglich 5 Mal frische Backware.

Auf dem Hofe befindet sich das Maschinenhaus, das natürlich mit allen Erfindungen der Neuzeit versehen ist. Auch eine Messerputzbude mit elektrischem Betriebe ist daselbst errichtet, in der täglich 40000 Messer und Gabeln geputzt werden."

Von Anfang an hatten die Firmengründer also auf Mechanisierung und Elektrifizierung gesetzt: Maschinen zum Putzen des Bestecks, zum Schälen der Gurken, ein automatischer Gewürzmörser und so weiter. Vieles davon haben August und Carl Aschinger selbst erfinden müssen, denn wo hätte man schon einen Eierkocher für 1.000 Eier kaufen können? Die Findigkeit der Aschingers und ihr Bestreben, Handarbeit in der Zentrale so weit wie möglich zu ersetzen, wurde in den Berichten immer wieder beschrieben und bewundert. Auch die Kartoffeln mussten nicht mehr lange von Hand geschält werden.

Von „peinlicher Sauberkeit und musterhafter Ordnung" ist auch in dem Bericht der „Gesellschaft für Heimatkunde der Provinz Brandenburg" zu lesen, deren Mitglieder im April 1900 zeitweise von August Aschinger persönlich geführt wurden. Die Gruppe staunte über einen Kessel, in dem 14 Zentner Eisbein auf einmal abgekocht werden konnten, und über einen weiteren riesigen Topf, „der fast bis zum Rand mit flüssigem Fett gefüllt war" und in den panierte Schnitzel nur 30 Sekunden eingetaucht werden mussten: Ob die Aschingers

Blick in die Fischabteilung des Zentralbetriebes.

auch die Schnitzelfritteuse erfunden haben? Und wieder werden die „merkwürdigsten maschinellen Einrichtungen" bewundert: „Maschinen sind es, die das Fleisch zerhacken, mittels Elektrizität werden die Wiegemesser bewegt, Pfeffer und Salz wird dem Fleisch in einem eigenen Kessel mechanisch zugeführt und Maschinenkraft treibt die Wurstspritze zum Füllen der Därme."[43] Den passenden Abschluss fand diese Besichtigung im großen Aschinger-Restaurant in der Alexanderstraße 2, im Haus des ehemaligen Königstädtischen Theaters.

Vierstöckige Zentrale in der Neuen Friedrichstraße

1902 baute „Aschinger's Bierquelle AG" ein vierstöckige Zentrale in der Neuen Friedrichstraße 11, in der neben den verschiedenen Lebensmittelbereichen, Lagerräumen, Handwerkerabteilungen und der Wäscherei auch die Verwaltung des Konzerns mit 30 Angestellten untergebracht war. Wieder könnten wir verschiedenen Berichten folgen, die Sauberkeit, Ordnung, modernste Technik wie die große Eismaschine von Linde und die unglaublichen Mengen beschreiben, die hier verarbeitet wurden. Doch beschränken wir uns auf die Aussage des neuen Direktors Hans Lohnert, wonach er persönlich den Einkauf überwacht und dabei auf höchste Qualität bei allen Rohprodukten achtet. Diese Botschaft war für die Leser der Vossischen Zeitung bestimmt, die auch erfuhren, dass jährlich zwei Millionen Paar der berühmten Aschinger-Bierwürste verzehrt wurden, die natürlich nur mit dem in der eigenen „Mostrich-Fabrik" hergestellten Senf schmeckten. Zwei Zentner täglich kamen da leicht zusammen.[44]

50.000 Aschinger-Brötchen und 20.000 Paar Bierwürste pro Tag

Der Zentralbetrieb versorgte die Bierquellen mit allen Speisen und den berühmten Aschinger-Brötchen. Welche riesenhaften Mengen dabei verarbeitet und in den Lokalen konsumiert wurden, versetzte die Besucher der Zentrale immer wieder in Erstaunen. Bereits 1895 lag der tägliche Konsum bei über 20.000 belegten Brötchen à 10 Pfennigen, 3.500 Würsten, 1½ Zentnern Tartar, 2 Zentnern Lachs und 90 Hektolitern Bier. Die Zentrale verarbeitete täglich 11 Zentner Kartoffeln zu Salat und setzte fast die gleiche Menge an Butter um. Margarine fand niemals Verwendung, wie die Firmenprospekte stets betonten.

Bereits zwei Jahre später wurde die doppelte Menge des beliebten Kartoffelsalates, nämlich 25 Zentner, konsumiert. Aschinger eröffnete 1896/1897 viele neue Bierquellen und war bei der Zahl 25 angelangt. Die hauseigene Metzgerei hatte in jenen frühen Jahren einen Tagesverbrauch von 80 bis 100 Zentnern Fleisch.

Von den beliebten Aschinger-Bierwürstchen wurden 1903 zwei Millionen Paar gegessen, was einem durchschnittlichen Tagesverbrauch von 5.500 Paar entspricht. Auch Brat-, Blut-, Leber- oder Zungenwürste waren beliebt und kamen zusammen auf eine jährliche Stückzahl von 200.000. Über 20 Liter Olivenöl benötigte man täglich allein für die Herstellung von Mayonnaisen, ebenso wie ein Gutteil der 8.500 Eier. Die Bäckerei in der Sophienstraße verarbeitete täglich mehr als 20 Zentner „ungarisches Kaisermehl" und 8 Zentner Roggenmehl. Fast 50.000 Aschinger-Brötchen standen jeden Tag zum kostenlosen Verzehr auf den Tischen der Bierquellen. Beliebt waren offenbar auch die Pfannkuchen, von denen jeden Tag 18.000 Stück gebacken wurden.

1911 hatte das Aschinger-Imperium nochmals ganz neue Ausmaße angenommen, was sich natürlich am Umsatz zeigte. An warmen Sommertagen gingen 120.000 Glas Bier über die Theke. Zu den inzwischen 20.000 Paar Bierwürstchen wurden fast 10 Zentner Senf gereicht, der ebenfalls aus eigener Produktion stammte. Zu den Bierwürsten aßen die Berliner am liebsten Kartoffelsalat, wie der Tagesverbrauch von 50 Zentnern eindrucksvoll bestätigt. Aber auch italienischer Salat war mit 10 Zentnern recht begehrt. Jährlich mussten in der Schlachterei nicht nur unzählige Schweine, Rinder oder Hammel ihr Leben lassen, sondern auch noch 110.000 Hühner, Enten oder Gänse und 19.000 Hasen.

Werfen wir schließlich noch einen Blick in die Vorratsräume des Zentralbetriebes im Jahr 1922. Im Pökelraum lagerten 1.400 Pfund Speck, 830 Pfund Burgunderschinken und die gleichen Mengen an Rinderzungen und Schweinsköpfen. Im Speisenlager befanden sich allein 13 Zentner Erbsen für die beliebte Suppe. Bei den Farben der Speisen musste öfters einmal nachgeholfen werden, wie die vorhandenen flüssigen Farbverstärker „Krebsrot", „Eigelb", „Spinatgrün" oder „Soßenbraun" vermuten lassen. Die Dosenhaltung hatte sich längst durchgesetzt und so zählte die Inventur 1.400 Dosen Erbsen, 2.200 Dosen Bohnen und 2.600 Dosen Karotten. An frischem Gemüse waren über 50 Zentner Kohl und 6 Zentner Sellerie vorhanden. Der Kartoffelraum muss gigantische Ausmaße gehabt haben, waren hier doch über 700 Zentner Erdäpfel eingelagert.

Der riesige Fuhrpark war 1922 noch nicht voll motorisiert, wie der Vorrat von 120 Zentnern Hafer für die Pferde beweist. Die 24-seitige Inventurliste addiert den Wert aller in der Zentrale und der Bäckerei gelagerten Vorräte auf 55 Millionen Mark.

Qualität aus einer Hand – Die Aschinger-Zentralbetriebe

Viele Hände waren notwendig, um die Därme für die beliebten Aschinger-Bierwürste prall zu füllen. Der Tagesbedarf der hungrigen Berliner stieg in den 1940er Jahren auf 50.000 Paar. Auf dem zweiten Foto werden Würste abgekocht.

Nach der Reinigung (links) werden die Kartoffeln in riesigen Körben (Bildhintergrund) gekocht und anschließend für den Salat geschält. Ein Kontrolleur überwacht die Arbeit der rund 30 Frauen.

Die Mädchen der Pfannkuchenbäckerei zeigen stolz ihre Produkte.

Mechanisierte Baumkuchen-Herstellung in der Bäckereizentrale.

200 Menschen arbeiteten in der Zentrale, vom Metzgermeister bis zu den Stalljungen, die 40 Pferde versorgen mussten. Noch war die Motorisierung nicht eingekehrt im riesigen Fuhrpark der Aschinger AG, für die mittlerweile rund 1.400 Menschen in ganz Berlin arbeiten. Über 300 von ihnen waren in gesellschaftseigenen Wohnungen untergebracht.

Umzug in die Saarbrücker Straße

Reichte anfangs noch ein 12-PS-Motor aus, um die Zentrale mit elektrischer Energie zu versorgen, so standen 1912 in der neuen Fabrik in der Saarbrücker Straße 63 Motoren mit insgesamt 600 PS zur Verfügung. Die Gesellschaft für Heimatkunde war mit 80 Mitgliedern erneut bei Aschinger zu Besuch und protokollierte ihre Eindrücke für die Verbandszeitschrift.[45]

In wenigen Jahren hatte sich viel verändert: Zum Fuhrpark gehörten jetzt zehn Automobile und die Lebensmittelqualität wurde vom betriebseigenen chemischen Labor überwacht. Die Selterswasserfabrik hatte einen Ausstoß von 20.000 Flaschen täglich. Unverändert blieb dagegen die Vorliebe der Berliner für die Aschinger-Bierwürste, von denen täglich 20.000 Paar hergestellt wurden und dazu 5.000 Pfund Kartoffelsalat. Die Wurstfabrik konnte pro Stunde (!) 200 Zentner Fleisch verarbeiten. Auch alle anderen Produktionszahlen erreichten neue Rekordstände.

Die Wäscherei war mit „12 rotierenden Waschmaschinen und 5 Zentrifugen" sowie unzähligen Bügelmaschinen ausgestattet, um die täglich 150 Zentner Wäsche aus den Bierquellen und Hotels zu bewältigen. In der Näherei standen 30 elektrisch angetriebene Näh- und Stopfmaschinen.

Die in der Zentrale zubereiteten Speisen wurden in eigens konstruierten Behältern zwei Mal täglich zu den Bierquellen gefahren. 30 Gespanne und 60 Pferde standen dafür im Fuhrpark bereit. Die blau-weiß gestreiften Aschinger-Transportwagen waren somit ständig in der Stadt unterwegs – als kostenlose Werbeträger auf den Berliner Straßen. Besonders genau nahm man es mit den Brötchen: Sie wurden gleich fünf Mal täglich ausgefahren, um in den Lokalen stets

Blick in die Wäscherei des Zentralbetriebs.

Ein ständiges Kommen und Gehen herrschte auf dem Hof des Zentralbetriebes. Die rund 50 Bierquellen und Konditoreien wollten mehrmals täglich mit frischer Ware versorgt werden.

frisch auf den Tischen zu stehen. Mit dem als Museumsstück auf dem Gelände präsentierten Dreirad soll August Aschinger in den Anfangsjahren selbst unterwegs gewesen sein.

Die Aschinger's AG beschäftigte in den 1930er Jahren in der Verwaltung, im Zentralbetrieb und in den „Absatzstellen", zu denen jetzt neben den Bierquellen und Konditoreien auch das Weinhaus Rheingold und zahlreiche Hotels gehörten, über 5.000 Menschen. Die komplexe Organisationsstruktur des Konzerns wird aus der folgenden Übersicht aus dem Jahr 1936 deutlich. Allein ein Blick auf die technischen Betriebe zeigt, welcher Aufwand für die Versorgung und Instandhaltung der vielen Lokale erforderlich war:[46]

I. Verwaltung
Hauptkasse – Buchhaltung – Kontrollbüro – Statistik – Kalkulation – Registratur – Drucksachen/Lager – Personalabteilung/Lohnbüro – Personalkontrolle – Werbeabteilung/Dekoration – Revision/Organisation – Steuerbüro – Juristisches Büro – Personalschulung – Botendienst – Schreibzimmer – Grundstücksverwaltung.

Transportmittel im Wandel der Zeit: Mit dem Dreirad soll August Aschinger noch selbst die Lebensmittel zu den Bierquellen gebracht haben. Wenige Jahre später übernahmen Pferde und Kutschen diese mühsame Arbeit. In den 1940er Jahren verfügte die „Aschinger's AG" über große Lastwagen.

II. Einkauf
Lebensmittel – Fleisch – Getränke – Tabakwaren – Materialien – Warenannahme.

III. Technische Betriebe
Technisches Büro – Fuhrpark – Wäscherei/Lager – Geschirrwäsche – Fahrstühle – Druckerei – Fernsprechzentrale – Hausmeisterei – Garderoben/Bäder – Hausreinigung – Dienstwohnungen – Trafostation – Kesselhaus – Kühlanlagen – Eisfabrik – Betriebswerkstätten – Autowerkstatt – Transport – Technische Anlagen – Materiallager.

IV. Wirtschaftsbetriebe
Bestellannahme – Lebensmittellabor – Bäckerei-/Konditorei-Expedition.

Produktionsstellen:
Fleischerei – Wurstfabrik – Konservenfabrik – Kalte Küche – Dampfküche – Speisenvorbereitung – Mostrichfabrik – Bäckerei/Bäckerei-Laboratorium – Konditorei/Backmateriallager – Kaffeerösterei – Limonadenfabrikation – Selterfabrik.

Lagerstellen:
Zentrale-Lager – Mehl-/Zuckerlager – Rohkaffeelager – Schokoladenlager – Bierlager – Weinlager – Tabakwaren-Lager.

V. Absatzstellen:
Bierquellen – Restaurants – Hotels – Konditoreien – Bäckerei-Verkaufsstellen – Personal-Verkaufsstelle – Kantine – Großhandelsverkauf.

Die Führungen von Besuchergruppen und der Presse durch die Zentrale in der Saarbrücker Straße fanden bis 1944 statt und standen zuletzt ganz im Zeichen der Kriegswirtschaft. Der imposante Gebäudekomplex blieb im Gegensatz etwa zum Weinhaus Rheingold oder dem Hotel Fürstenhof von Zerstörungen durch die verheerenden Bombenangriffe am Kriegsende weitgehend verschont und beherbergt heute ein Kulturzentrum.

Ein Autounfall mit Folgen

Kurz nach der Jahrhundertwende haben neben den elektrisch betriebenen Straßenbahnen noch die Pferdedroschken und -kutschen das Straßenbild Berlins bestimmt. Das erste Automobil war zwar schon 1892 zugelassen worden, in jenem Jahr also, in dem August und Carl Aschinger ihre erste Bierquelle eröffneten. Doch der private PKW-Verkehr der Hauptstadt entwickelte sich nur zaghaft. 15 Jahre später gehörte August Aschinger selbst zu den immer noch wenigen und sicher stolzen Besitzern eines Kraftwagens. Am 16. Juni 1907, einem schönen Frühsommertag, war er offenbar in flotter Fahrt auf einer Spritztour über Land unterwegs. Die gleiche Idee hatte auch ein gewisser Ludwig Dannenfelzer, der bei dem herrlichen Wetter einen Teil der Familie in seiner offenen Pferdekutsche ausführte. Man traf sich auf der gleichen Chaussee, allerdings mit unglücklichem Ausgang für den nicht motorisierten Familienvater, wie wir dem späteren Gerichtsurteil entnehmen können: Der Kläger Dannenfelzer hat „unstreitig einen Unfall dadurch erlitten, dass auf der Chaussee von Zossen nach Groß Machow der offene Jagdwagen, auf welchem er mit seinem Schwiegersohn und mehreren Söhnen saß, von dem von hinten kommenden Automobil des Beklagten angefahren und der Kläger aus dem Jagdwagen auf den Sommerweg der Chaussee geschleudert wurde. Der Beklagte, der das Automobil selbst gelenkt hat, bestreitet seine Verpflichtung zum Schadenersatz nicht. Der Kläger hat durch den Unfall eine Verrenkung des linken Schlüsselbeins erlitten."

Der betagte Kläger hatte Glück im Unglück, gehörte der Unfallgegner doch zu den wohlhabendsten Männern Berlins. Neben der Erstattung aller Arzt- und Kurkosten bewilligte ihm das Gericht eine jährliche Rente von 1.300 Mark sowie einen jährlich vierwöchigen Badeaufenthalt zur Linderung seines Leidens. August Aschinger musste dabei auch noch die Kosten für eine Begleitperson übernehmen.

Das Automobil nutzte August Aschinger auch für seine Kontrollfahrten zu den Bierquellen, die er noch bis kurz vor seinem Tod unternahm. Obwohl er nicht mehr in der operativen Leitung der Aschinger's AG tätig war, musste er schließlich in „seinen" Bierquellen nach dem Rechten sehen. Die Berliner Allgemeine Zeitung erwähnt diese Episode in ihrem Nachruf vom 29. Januar 1911: „Noch kurz vor seiner Krankheit tauchte er mit seinem Automobil plötzlich, selbst vor der kleinsten der Aschinger-Quellen auf und sah sich dort in dem Betrieb um."

Die persönliche Kontrolle der Geschäfte war auch für Carl Aschinger von großer Bedeutung, wie wir aus einer anderen Geschichte wissen.

Landesarchiv Berlin, A Rep. 225, Nr. 1204.

7 Aschinger wird zur Aktiengesellschaft

Um die Jahrhundertwende umfasste das Aschinger-Imperium rund 30 Bierquellen, den Zentralbetrieb unter den Stadtbahnbögen, die große Bäckerei in der Sophienstraße und die Verwaltung am Alexanderplatz. Außerdem bewirtschaftete Aschinger Restaurants in großen Kaufhäusern oder Bahnhöfen. Nach dem rapiden Aufstieg in den vorangegangenen Jahren war andererseits eine gewisse Sättigung erreicht. Auch später gab es kaum mehr als 30 Bierquellen im Berliner Zentrum. Das große „A" und die blau-weiß umrahmten Schaufenster gehörten zum Stadtbild, aber ließ sich die Zahl von täglich verkauften 10.000 Bierwürstchen noch nennenswert steigern? Es gab ja auch noch andere ansprechende Lokale für den eiligen Gast mit kleinem Portemonnaie.

Das wussten natürlich auch August und Carl Aschinger. Sie hätten sich eigentlich zufrieden zurücklehnen und auf ihr einmaliges Lebenswerk blicken können, doch Carl war gerade einmal 45 und August noch keine 40 Jahre alt. Die zwei ehrgeizigen Männer dürften sich also gemeinsam mit ihrem Freund und Berater Hans Lohnert überlegt haben, wie es geschäftlich weiter aufwärts gehen konnte und das möglichst im gleichen Tempo wie bisher.

Ein wichtiger Schritt war die Eröffnung von Konditoreien, in denen Kaffee und selbst gebackener Kuchen zu den bekannt günstigen Preisen angeboten wurden. Auch Verkauf außer Haus war möglich. Mit den Konditoreien, häufig in direkter Nachbarschaft zu den Bierquellen eingerichtet, sprach Aschinger vor allem die Frauen und Familien an. Später gehörten fast 20 gut gehende Konditoreien zu dem Konzern.

Aber bezogen auf das „Kerngeschäft" der Bierquellen lag eine andere Idee eigentlich viel näher: Warum sollte man dieses Erfolgsmodell nicht in andere deutsche Großstädte exportieren, nach Hamburg, Bremen, Köln, Mannheim oder München? Aschinger als deutschlandweite Kette von Bierquellen und Konditoreien – sicher ein reizvoller Gedanke, aber dazu kam es nicht.[47] Viele Gründe ließen sich gegen eine solche Expansion ins Feld führen: unterschiedliche Strukturen der Städte, andere Trink- und Essgewohnheiten, ein bereits etabliertes Gaststättenwesen, natürlich der hohe finanzielle und personelle Aufwand. Schließlich wäre neben den Bierquellen in jeder Stadt ein Zentralbetrieb mit eigener Produktion notwendig gewesen, wollte man das Modell konsequent übertragen. Und wer sollte das alles organisieren und überwachen? Wir wissen, wie gern August und Carl Aschinger ihren Berliner Bierquellen einen überraschenden Besuch abstatteten, um nach dem Rechten zu sehen. Die persönliche Kontrolle entsprach ihrer Mentalität, dazu passte eine Ausdehnung auf andere Städte nicht.

Aschinger blieb also in Berlin – und richtete den Blick allmählich nach oben. In der aufstrebenden Weltstadt gab es ja nicht nur den Wunsch nach schneller Küche in der knapp bemessenen Mittagspause, nach belegten Brötchen oder Bierwurst mit Kartoffelsalat. Berlin war Residenz des Kaisers, Regierungssitz und Verwaltungszentrum, moderner Industriestandort und mächtiger Finanzplatz. Politiker, Diplomaten und hohe Beamte aus allen Ländern kamen ebenso in diese Metropole von europäischem Rang wie Wirtschaftsführer und Bankiers, Journalisten, bekannte Künstler und reiche Touristen aus aller Welt. Sie alle stiegen in vornehmen Hotels ab und speisten in gepflegten Restaurants. Hier traf sich das wohlhabende Berlin und Aschinger schickte sich bald an, auch diesen Markt zu erobern. Ein sehr ehrgeiziges Ziel für zwei Männer mittleren Alters, die von ganz unten in der sozialen Stufenleiter kamen und mit einer Stehbierhalle sehr klein angefangen hatten. Vielleicht bedurfte es auch eines Anstoßes durch Hans Lohnert, um diesen mutigen und finanziell riskanten Schritt zu gehen. Wir wissen es nicht, weil persönliche Aufzeichnungen der Beteiligten fehlen.

Es liegt jedoch nahe, einen Zusammenhang zwischen der Entscheidung für den Einstieg in die gehobene Gastronomie und der Gründung der Aktiengesellschaft zu sehen. Schließlich sollte die AG die Kapitalbeschaffung erleichtern. Gleich im Jahre 1900 wurde viel in die Modernisierung des Zentralbetriebes investiert und ein Jahr später folgte die Eröffnung eines großen Restaurants mit Weinhaus in der Friedrichstraße.

Die AG investiert kräftig

Am 1. April 1900 löste die „Aschinger's Bierquelle Actien-Gesellschaft Berlin" das Familienunternehmen der Bierquellen-Gründer August und Carl Aschinger ab. An die Verwaltungsspitze des Unternehmens traten die Vorstände Ludwig Zweig und Hans Lohnert, der bis in die 1930er Jahre an der Spitze des Konzerns bleiben sollte. Als Kontrollorgan fungierte der Aufsichtsrat, dem der Vorstand regelmäßig Bericht erstattete. Doch die beiden Bierquellen-Gründer sicherten sich ihren bestimmenden Einfluss: August und Carl Aschinger waren mit Anteilscheinen im Wert von 1,5 Millionen Mark alleinige Aktienbesitzer. Die alljährlichen Aktionärsversammlungen konnten deshalb im kleinsten Kreis von Vorstand, Aufsichtsrat und Familie Aschinger stattfinden. Für die erste ordentliche Generalversammlung vom 18. März 1901 reichte das Büro der Gesellschaft in der Alexanderstraße 2 völlig aus.

Der sicher beabsichtigte Gang an die Börse zum freien Handel der Aktien ließ sich auch später nicht realisieren, wozu kritische Presseberichte über die angeblich schwankenden finanziellen Grundlagen der Gesellschaft ihren Teil beigetragen haben dürften. Für uns hat die AG-Gründung jedoch einen ganz praktischen Effekt: Durch die Geschäftsberichte, Protokolle der Aufsichtsratssitzungen, den allgemeinen Schriftverkehr oder die Statistiken zu Umsatz und Gewinn können wir auf umfangreiches Quellenmaterial zurückgreifen, das zudem im Landesarchiv Berlin vorbildlich erschlossen ist.

Aus dem Bericht zum ersten Geschäftsjahr der AG, 1900, erfahren wir, dass sämtliche Maschinen der zentralen Küche und Wäscherei in den Stadtbahnbögen mit Elektromotoren ausgestattet und an das Netz der Berliner Elektrizitätswerke angeschlossen wurden. Schon immer war die Zentrale mit der neuesten Technik versehen gewesen, um so effektiv wie möglich arbeiten zu können. Die eigene Großbäckerei in der Sophienstraße 16 produzierte nach der Anschaffung neuer Öfen jetzt auch die Waren für die inzwischen drei Konditoreien, denen rasch weitere folgen sollten.

In der Bilanz wird das Grundvermögen mit 1,6 Millionen Mark angegeben, das allerdings mit Hypotheken von 1,5 Millionen Mark belastet ist. Der Bruttogewinn lag deutlich über einer Million Mark. Diese Zahl fiel 1901 geringer aus, vor allem weil „die Fleischpreise, und

Der Potsdamer Platz im Jahre 1912: Links das Bierhaus Siechen und in der Bildmitte unten wieder die Aschinger-Bierquelle in der Potsdamer Straße. Ganz links folgt, halb verdeckt, das Weinhaus Rheingold.

namentlich die des Schweinefleisches, während des ganzen Jahres auf abnormer Höhe blieben."[48] Das Jahr 1902 war wegen einer schlechten Ernte und hoher Gemüsepreise nicht besser. Bei den knapp kalkulierten Verkaufspreisen in den Lokalen spielten die Einkaufspreise für Bier, Mehl, Fleisch und andere Lebensmittel immer eine wichtige Rolle. Ebenso natürlich wie die Witterung. Denn bei schlechtem Wetter wie im Herbst 1901 ging der „Bierdurst" deutlich zurück und für den Gewinn war der Bierumsatz am wichtigsten.

Die AG erwarb in der Friedrichstr. 97, Ecke Georgenstraße, ein vierstöckiges Gebäude und baute es zu einem Restaurant mit Weinlokal aus. Hier zeigte sich also schon eine Tendenz in Richtung gehobene Mittelschicht. Die gute Lage wollte man sich durch den Kauf des Grundstückes langfristig sichern, zumal viel Geld in die Renovierung einschließlich Haustechnik gesteckt wurde. Eigentum statt Miete lautete jetzt allgemein das Motto der Konzernleitung. Ende 1902 hatte sich der Grundbesitz einschließlich der Zentrale in der Neuen Friedrichstraße bereits auf einen Wert von 8,3 Millionen Mark gesteigert. Dass mit den vielen Immobilien auch erhebliche Probleme verbunden sein können, sollte sich in wirtschaftlichen Krisenzeiten zeigen. Doch davon war man wenige Jahre nach der Jahrhundertwende noch weit entfernt.

Aschinger „in aller Munde" – Episoden aus Film und Literatur

Die kostenlosen Aschinger-Brötchen waren in Berlin legendär und halfen so manchem über die letzten Tage vor der Lohnauszahlung hinweg, wie in Zeitungsartikeln ironisch bemerkt wurde. Aber nicht nur „arme Seelen", sondern auch bekannte Leute gingen bei Aschinger ein und aus.

Der Erfinder Paul Heylandt fand neben seinen Forschungen im Labor wenig Zeit zum Essen: „Tage- und wochenlang waren die so genannten Aschinger-Brötchen die einzige Speise, die ich zu mir nahm", wird er von Werbeleiter Damrow zitiert.

Rumpelstilzchen geht in seinem Buch „Ja, hätt'ste." natürlich auch auf Aschinger ein. Er erzählt die Geschichte einer Skandinavierin, die ein Festessen abgesagt hat, um in einer Bierquelle Löffelerbsen mit Speck zu essen. Oder jene vom „Magenfahrplan", der für die Bierquellen wöchentlich herausgegeben wurde: „Auf den ersten Blick hat man das Stammessen heraus, das es an dem jeweiligen Wochentage gibt, zu 40, 50, 60 und 75 Pfennigen."

Um die Jahrhundertwende warb das Konfektionshaus „Die goldene 110" in der Leipziger Straße mit einem etwas holprigen Gedicht um männliche Kunden. Quintessenz: Wer die Gunst von Aschingers „Wurscht-Marie" und damit die dickste und längste Wurst in der Bierquelle erhaschen wollte, der sollte auf sein Äußeres achten und sich zuvor bei „110" neu einkleiden!

Aschinger, seine Brötchen und die unvergessene Erbsensuppe wurden in Schlagern besungen, in Hörspiele eingebaut und in der kleinen wie großen Literatur erwähnt, so beispielsweise in „Berlin Alexanderplatz" von Alfred Döblin.

Robert Walser war häufig in den Bierquellen zu Gast und schaute sich hier sehr genau um. Seine Kurzgeschichte „Aschinger" beginnt so: „Ein Helles bitte! Der Biereingießer kennt mich schon seit geraumer Zeit. Ich schaue das gefüllte Glas einen Moment an, nehme es mit zwei Fingern an seinem Henkel und trage es nachlässig zu einem der runden Tische, die mit Gabeln, Messern, Brötchen, Essig und Öl versehen sind. Ich stelle das nässende Glas ordnungsgemäß auf den Filzuntersatz und überlege, ob ich mir etwas zu essen holen soll, oder nicht. Der Essgedanke treibt mich zu dem blauweiß gestreiften Schnittwaren-Fräulein. Von dieser Dame lasse ich mir eine Auswahl Belegtes auf einem Teller verabreichen, derart bereichert trabe ich ordentlich träge an meinen Platz zurück. Ich gebrauche weder Gabel noch Messer, nur das Senflöffelchen, mit dem ich meine Schnitten braun anstreiche, worauf ich dieselben gemütlich in den Mund hineinschiebe, dass es die Seelenruhe selbst ist, die mir jetzt unter Umständen zuschauen darf. Bitte, noch ein Helles." Der berühmte Schriftsteller ließ es sich also in einer Stehbierhalle mit „kalter Küche" gutgehen. Von Hektik scheint auch hier keine Spur zu sein: „Man will gern recht exakt notiert haben, wie die Berliner essen. Sie stehen dabei, aber sie nehmen sich ganz nett Zeit dazu. Es ist ein Märchen, zu glauben, in Berlin haste, zische oder trabe man nur. Man versteht hier geradezu drollig, Zeit dahinfließen zu lassen, man ist eben Mensch. Es ist eine innige Freude, zu sehen, wie hier nach Wurstbrötchen und italienischen Salaten geangelt wird. Die Gelder werden meistens aus Westentaschen hervorgezogen, es handelt sich ja doch beinahe regelmäßig nur um einen Groschen. Immer wimmelt es ein und aus von esslustigen und satten Menschen. Die Unbefriedigten finden rasch an der Bierquelle und am warmen Wurstturm Befriedigung, und die Satten springen wieder an die Geschäftsluft hinaus, gewöhnlich eine Mappe unter dem Arm, einen Brief in der Tasche, einen Auftrag im Gehirn, einen festen Plan im Schädel, eine Uhr in der offenen Hand, die sagt, dass es jetzt Zeit ist." Ein paar Minuten Ruhe im hektischen Getriebe des Berliner Alltags – selbst die Stehbierhallen Aschingers verbreiteten offenbar eine gewisse Gemütlichkeit.

Aschinger wird zur Aktiengesellschaft

> 1939 drehte die Ufa den Film „Stimme aus dem Äther" mit der jungen Schauspielerin Ilse Werner. Mehrere Szenen spielten in einer Bierquelle und deshalb wurden die Requisiten – Originalbuffet, Vitrinen mit Brötchen, Speisekarten usw. – ins Filmsstudio nach Babelsberg gebracht. Zur Premierenfeier bei Aschinger am Alexanderplatz kam auch Ilse Werner, wobei dieser Streifen vermutlich nicht zu ihrem späteren Ruhm beigetragen hat.

Der Einstieg in das Hotelgewerbe wurde 1904 konkret. Die Umsatzzahlen der inzwischen 29 Bierquellen und fünf Konditoreien hatten sich seit 1903 sehr erfreulich entwickelt, der Bruttogewinn war auf 1,3 Millionen Mark gestiegen und die neue Zentrale arbeitete effektiv. Die allgemeinen wirtschaftlichen Aussichten waren ebenfalls gut. Ein günstiger Moment also, um den vielleicht schon mit Gründung der Aktiengesellschaft gefassten Entschluss zur Erweiterung des Geschäftsfeldes in die Tat umzusetzen.

Die Blicke richteten sich vor allem auf den Potsdamer Platz, das aufstrebende Zentrum des modernen Berlin schlechthin. Hier erwarb die Aktiengesellschaft eine ganze Reihe von Grundstücken. Hier entstanden 1907 das gigantische Weinhaus Rheingold und das Luxushotel Fürstenhof. Aschinger reagierte damit eigentlich etwas spät auf den seit Jahren zu beobachtenden „Zug nach Westen", was das Geschäftsleben Berlins angeht.

Auch die Bierquellen und Konditoreien hatten sich bisher auf die älteren Zentren im Osten und in der Mitte Berlins konzentriert. Der „Zug nach Westen" wurde auch hier im Jahr 1907 mit der Eröffnung eines zweistöckigen Restaurants in der Potsdamer Straße 101–102 gründlich nachgeholt. Das Restaurant hatte 1.400, die angeschlossene Konditorei nochmals 800 Sitzplätze.

Die Jahre 1904 bis 1906 dürfen vielleicht als die erfolgreichsten in der gesamten Konzerngeschichte angesehen werden. Man konnte „nicht vermuten, in welch' ausgedehnter Weise sich alle Betriebe emporschwingen würden", stellte Vorstand Lohnert für das Jahr 1905 geradezu euphorisch fest. Die Gewinne entwickelten sich erfreulich, es wurde sehr viel Geld investiert und es herrschte Aufbruchstimmung durch den Bau der beiden Luxustempel Fürstenhof und Rheingold am Potsdamer Platz. Die Bierquellen waren immer noch die solide Grundlage des Unternehmens, aber neben und über ihnen gab es jetzt Konditoreien, Restaurants, Weinlokale und teure Hotels. Es ist vor diesem Hintergrund nur konsequent, dass die Gesellschaft 1907 die „Bierquelle" aus dem Firmennamen strich und künftig als „Aschinger's Actien-Gesellschaft" firmierte.

Das Grundvermögen war durch diese zweite Expansionswelle nach den Gründerjahren 1892–1897 auf über 23 Millionen Mark angestiegen – 15 Mal soviel wie im Jahr 1900. Eine neue Rekordhöhe von 24 Millionen Mark erreichten allerdings auch die Hypothekenschulden. Doch das konnte die Euphorie nicht bremsen.

Im April 1907, wenige Wochen nach Eröffnung des Weinhauses Rheingold, war es für Vorstand Hans Lohnert „eine Genugtuung, dieses in seiner Aufmachung eine Sehenswürdigkeit Berlins repräsentierende Unternehmen beifallsfreudigster Aufnahme weit über die Grenzen Berlins hinaus voll und ganz gewürdigt zu sehen. Dieser Betrieb, der infolge der einzig dastehenden Art seiner Größe und Ausdehnung sowohl in den vornehmsten, wie auch weites-

Das große Aschingerhaus mit der 4. Bierquelle sowie Conditorei am Alexanderplatz vor 1915.

ten Kreisen berechtigtes Aufsehen erregte, hat in Bezug auf das bisherige Ergebnis unsere Erwartungen übertroffen und wir können zu unserer Freude gestehen, dass die Umsätze, die in der kurzen Zeit des Bestehens erzielt wurden, außerordentlich befriedigend ausgefallen sind."

Große Erleichterung spricht aus diesem etwas umständlich formulierten Bericht an den Aufsichtsrat, dem auch August und Carl Aschinger angehört haben. Für sie war das Weinhaus Rheingold weit mehr als ein neues Investitionsvorhaben unter vielen anderen. Das Rheingold hatte für die Bierquellen-Gründer den Status eines Prestigeobjektes, vielleicht sogar eines Denkmals. Bitter nur, dass sich dieses Prestigeobjekt schon sehr rasch zum großen Sorgenkind des Konzerns entwickeln sollte.

8 Das Weinhaus Rheingold – Prestigeobjekt und Sorgenkind

„Alles bisher in Berlin Dagewesene übertreffen"

Von der Stehbierhalle zur Aktiengesellschaft mit 30 Bierquellen: August und Carl Aschinger, als mittellose junge Männer aus der Weinbaugemeinde Oberderdingen in die Weltstadt Berlin gekommen, hatten es aus kleinsten Anfängen heraus „zu etwas gebracht". Das gigantische und prachtvoll ausgestattete „Weinhaus Rheingold" am Potsdamer Platz war gerade richtig, um diesen Aufstieg jedermann in Berlin überdeutlich vor Augen zu führen.

Doch war Aschinger nicht schon in ganz Berlin und weiten Teilen Deutschlands bekannt? Konnte noch irgendjemand die blau-weiß gesäumten Bierquellen oder die neuen Konditoreien ignorieren? Wohl kaum, aber diese Lokale waren eben nicht für alle „salonfähig", ihnen haftete ein Image an, das im Zusammenhang mit einer Besprechung des Rheingold im Zentralblatt der Bauverwaltung so beschrieben wurde: „Der Name Aschinger verkörperte bisher eine auf den Geschmack der großen Masse zugeschnittene Art der Geschäftsführung im Gastwirtschaftsgewerbe; er bedeutete ein Programm, wie z.B. die Namen Tietz und Scherl, und mit ihm verband sich über Berlin hinaus der Beigeschmack billigen Prunkes."[49] Diesen Beigeschmack konnte man mit dem Prestigeobjekt am Potsdamer Platz und mit der Verpflichtung des Stararchitekten Bruno Schmitz[50] gründlich beseitigen, auch wenn die Verbindung „so ungleich gearteter Kräfte" zunächst für Verwunderung sorgte.

Aschinger schickte sich an, die Welt der Luxushotels und Spitzengastronomie der Hauptstadt zu erobern – und ganz nebenbei auch noch die Fachkreise aus Kunst und Architektur. Für August Aschinger, der nach verschiedenen Berichten persönlich stark an Architektur und Bauwesen interessiert war, muss dies eine besondere Genugtuung gewesen sein.

Aber das Projekt Rheingold stand von Anfang an unter keinem guten Stern: Die Planer mussten mit einem ungünstigen, winkelartigen Grundriss zurechtkommen, Einwände der Behörden zwangen zur Änderung des Nutzungskonzeptes, schwierige Untergrundverhältnisse führten zu unvorhergesehenen Kosten und schließlich behinderten auch noch störrische Mieter den Baufortschritt.

Wenn das gigantische Vorhaben mit Grunderwerbs-, Bau- und Ausstattungskosten von neun Millionen Mark dennoch in nur 15 Monaten abgeschlossen werden konnte, so lässt sich das wohl nur mit der hohen Motivation aller Beteiligten, des bekannten Architekturprofessors Bruno Schmitz, der Baufirmen und insbesondere der Brüder Aschinger und der Führungsspitze der Aschinger AG selbst, erklären. Nach Einschätzung der Deutschen Bau-Zeitung „waren die Entwurfs-Arbeiten von dem Wunsche der Bauherrin beherrscht, ein Haus zu erhalten, welches alles bisher in Berlin Dagewesene in Anlage und Ausstattung übertreffen sollte. So entstand eine Anlage von einer unvergleichlichen Größe des Wurfes, eine Anlage, die auf diesem Gebiet von keiner anderen in Deutschland übertroffen werden dürfte, eine Baugruppe von einer seltenen Kraft der künstlerischen Gestaltung."[51]

Mit ähnlich hohem Anspruch war wenige Jahre zuvor der „Kaiser-Keller" an der Ecke Friedrichstraße/Taubenstraße eröffnet worden. Von ihm hieß es in einer nicht weniger euphorischen Beschreibung, „dass in solch würdiger Pracht, in solcher Größe und in solch vornehm künstlerischer Haltung kein zweites Weinhaus auf der Welt zu finden sei. Der Kaiser-Keller genießt eine unbegrenzte Popularität in den besten Kreisen Berlins"[52]. Den Kaiser-Keller und andere Prestigeprojekte hat das Weinhaus Rheingold ohne Mühe übertroffen.

Für ihre Demonstration „unvergleichlicher Größe" hatte sich die Aschinger AG einen der prominentesten Plätze des pulsierenden, weltstädtischen Berlin ausgesucht: den Potsdamer Platz mit seinen Luxushotels, Prominenten-Wohnungen und dem ausgeprägten Kulturleben. In unmittelbarer Nähe zum Regierungsviertel in der Wilhelmstraße „ließen sich hier die Spitzen des Finanz- und Industriekapitals, Diplomaten, Künstler und Institutionen nieder, die auf eine ‚vornehme' Adresse Wert legten. Durch die unmittelbare Nachbarschaft des Potsdamer Bahnhofs siedelten sich auch zunehmend Luxushotels und vornehme Restaurants an. Diese trugen dem gesteigerten Reiseverkehr Rechnung und verbreiteten eine großstädtische Atmosphäre, die in die einst ruhigen Viertel ausstrahlte."[53]

Das im Rheingold ursprünglich geplante „Konzerthaus und erstklassige Weinrestaurant"[54] sollte dieses weltoffene und zahlungskräftige Publikum ansprechen. Doch da kam schon der erste Rückschlag: Die Ordnungsbehörden fürchteten bei der Anfahrt der vielen Gäste zu den Konzertveranstaltungen ein Verkehrschaos in der Bellevuestraße, zumal das stark frequentierte Künstlerhaus direkt gegenüber lag. Die Nutzung musste deshalb geändert werden und so wandelte sich das Konzerthaus zum „Weinhaus Rheingold". Damit waren natürlich erhebliche Änderungen der räumlichen Infrastruktur verbunden, zusätzliche Küchen-, Kühl- und Lagerräume mussten für diesen riesigen Restaurantkomplex mit seinen vielen Sälen eingeplant werden.

Die wahren Probleme sollten sich aber erst später zeigen und eine Frage konnte das Unternehmen eigentlich nie befriedigend beantworten: Wie sollte das Weinhaus Rheingold mit seinen rund 4.000 Sitzplätzen in elf Sälen dauerhaft ausgelastet werden, um halbwegs rentabel zu arbeiten? Doch darin sehen wir – im Gegensatz zum Hotel Fürstenhof und anderen Investitionen im Hotelgewerbe – auch nicht die Hauptmotivation des Rheingold-Projektes. Aschinger ging es um mehr, wie wir schon aus der Baubeschreibung des Architekten wissen.

Aber wenden wir uns nun dem auch aus heutiger Sicht faszinierenden Bauprojekt und der durch Kunst und Prunk gleichermaßen geprägten Architektur des Rheingold zu.

Hohes Grundwasser und andere Probleme

Für das spätere Weinhaus Rheingold hat die Aschinger AG mehrere Grundstücke an der Ecke Potsdamer Straße/Bellevuestraße erworben. Die Hauptfassade an der Bellevuestraße war über 50 Meter lang und 20 Meter hoch. Ein zweiter, deutlich schmalerer Zugang befand sich in der Potsdamer Straße. Beide Gebäudeteile waren über Eck verbunden, so dass sich eine Art rechtwinkliger Zuschnitt des über 2.600 Quadratmeter großen Grundstückes ergab.

Das Weinhaus Rheingold – Prestigeobjekt und Sorgenkind 85

Aus fünf Richtungen strömte der Verkehr auf den Potsdamer Platz: der Leipziger Straße (unten), der Potsdamer Straße (oben links), der Bellevuestraße (oben rechts) und der quer verlaufenden Königgrätzer Straße. Die Luftaufnahme aus dem Jahr 1923 zeigt die eindrucksvolle Bebauung des Platzes mit dem Hotel Fürstenhof (links), dem Bierhaus Siechen (oben links), dem Weinhaus Rheingold (oben an der Potsdamer und Bellevuestraße) sowie das Hotel Bellevue und das Palast-Hotel in der rechten Bildhälfte. Links ist noch der Bahnhofsvorplatz zu sehen.

Plan des Potsdamer Platzes mit Blickrichtung Leipziger Straße um 1900. Rechts das auf dem Luftbild fehlende Haus Potsdam (später Haus Vaterland) und der Bahnhof.

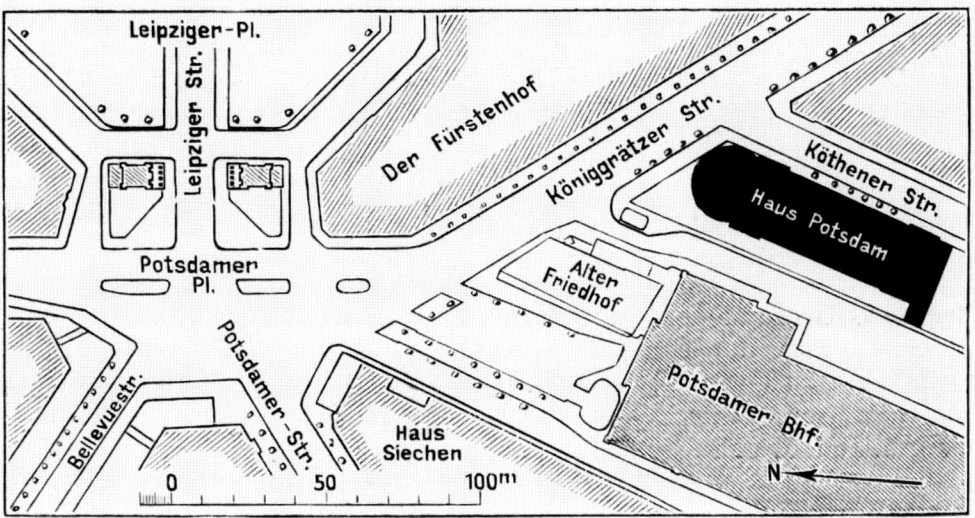

Das Portal des Weinhauses Rheingold mit überdachter Terrasse in der Bellevuestraße.

Die Gäste blieben häufig aus: Die großzügige Terrasse des Weinhauses entlang der Bellevuestraße.

Architekt Bruno Schmitz bezifferte die Baukosten einschließlich der kompletten Einrichtung in seiner Beschreibung von 1905 auf 3,5 Millionen Mark. Dieser Betrag ließ sich jedoch aus mehreren Gründen nicht halten und wuchs während der Bauzeit auf über 4,5 Millionen Mark an. Eine Entwicklung, die in der Presse zu Gerüchten führte, Aschinger könne das ausufernde Projekt nicht mehr finanzieren, zumal das große Hotel Fürstenhof praktisch zeitgleich bebaut wurde.

Die zentrale Küche mit Lagerräumen und riesigem Weinkeller ebenso wie die gigantischen technischen Anlagen und Maschinen waren in den zwei vollwertigen Kellergeschossen vorgesehen, um die Flächen im Erd- und Obergeschoss so weit wie möglich für die Gäste nutzen zu können. Deshalb musste das Grundwasser um einen halben Meter abgepumpt werden. Um die Wände der Kellergeschosse gegen eindringendes Wasser abzudichten, waren aufwändige Spezialverfahren erforderlich, die alleine 0,5 Millionen Mark kosteten.

Wie sich weiter zeigte, hatten die Kanalrohre in der Bellevuestraße einen zu geringen Durchmesser. Bei starkem Regen hätte also durch Rückstau Wasser eindringen können. Auch dieses Problem verursachte Mehrkosten: Die beauftragte Spezialfirma legte Abwasserrohre zur Potsdamer Straße und baute eine pneumatische Entwässerungsanlage, um das drohende Regenwasser auf diesem Wege abzupumpen. Schließlich ergaben sich durch die Grundierungsarbeiten noch Senkungen und Risse an den zum Teil älteren Nachbargebäuden. Die Schwierigkeit und Ungewohntheit der Bauarbeiten führten zu weiteren „kleinen Zwischenfällen", wie die eingangs zitierte Deutsche Bau-Zeitung noch eher wohlwollend schreibt.

Fassadenrelief an der Hauptfront des Rheingold in der Bellevuestraße.

Die Mieter „hingen in der Luft"

Der Hochbau hatte ebenfalls seine Tücken. Weniger beim Neubau an der Bellevuestraße, als in der Potsdamer Straße. Hier konnte das vorhandene Gebäude nicht einfach abgerissen werden – schon deshalb nicht, weil im Obergeschoss noch einige Mieter wohnten, die auf ihren langfristigen Verträgen bestanden! „So ist es dahin gekommen, dass unter den obersten beiden bewohnten Geschossen des Seitenflügels Potsdamer Straße 3, die gleichsam in der Luft schwebten, sich ein unbewohntes ausgesteiftes Geschoss befand, und darunter das Erdgeschoss herausgebrochen wurde. Unter diesem waren etwa 7,5 m tiefe Keller als offene Grube ausgeschachtet worden, bevor die neuen Frontpfeiler aufgeführt wurden."[55] Dieses aufgestelzte Gebäude mag die Passanten belustigt haben, die Situation der Mieter dürfte dagegen weniger komfortabel gewesen sein. Sie einigten sich denn auch mit den Bauherren über ihren Auszug – aber erst nachdem der ganze Aufwand mit der Absicherung betrieben war.

Doch auch jetzt konnte der obere Gebäudeteil nicht einfach abgerissen werden, weil die Baupolizei den Einsturz angrenzender Flügel befürchtete. Schritt für Schritt wurden nun einzelne Pfeiler der alten Rückwand durch neue ersetzt. Die alte Vorderfront blieb zunächst ganz stehen und wurde umbaut. Erst nachdem die Balkendecken eingelegt waren, konnte das alte Haus – sozusagen im Innern des Neubaues – abgerissen werden. Trotz all dieser Probleme waren die gesamten Maurerarbeiten im Januar 1907 nach nur elf Monaten abgeschlossen.

Tief verborgen im untersten Kellergeschoss des Rheingold befanden sich die Maschinenräume, ausgestattet mit modernster Technik der Zeit. Das Weinhaus war dadurch weitgehend autark, was die Versorgung mit Wasser und Energie aller Art anging. Die mit Kohlen beheizte Kesselanlage in der Potsdamer Straße versorgte die ausgedehnte Niedrigdruck-Dampfheizung. Drei Dieselmotoren mit zusammen 900 PS produzierten den Strom für die Glühlampen, Aufzüge, Wäscherei, Pumpen oder die Luftsauger in dem riesigen Gebäudekomplex. Eine weitere Maschine pumpte frische, im Winter vorgewärmte Luft in die weitläufigen Säle. Von der Firma A. Borsig stammte die große Eis- und Kühlmaschinenanlage, die eine Tagesproduktion von 2.000 kg Eis ermöglichte. Zwei Brunnen förderten bis zu 80 Liter Wasser pro Sekunde, das in einen Hochbehälter gepumpt und von hier aus im ganzen Haus verteilt wurde. Zur Beförderung der Personen und Waren standen insgesamt sieben Aufzüge zur Verfügung. Die Speisenaufzüge waren elektrisch beheizt, um ein Auskühlen des Essens auf seinem langen Weg von der Küche in die einzelnen Säle zu verhindern. Doch dieses Problem sollte die Betreiber des Weinhauses noch länger beschäftigen.

Direkt von der Potsdamer Straße aus konnten die Besucher zwei Aufzüge ins Obergeschoss benutzen, ohne zuvor das Gebäude zu betreten, was eine Neuerung für das damalige Berlin bedeutete.

Mit der Eröffnung des Weinhauses Rheingold im Februar 1907 änderte die Aktiengesellschaft auch ihren Namen: von „Aschinger's Bierquelle Actien-Gesellschaft" in Aschinger's Actien-Gesellschaft. Die Bierquellen standen nicht mehr ausschließlich für den Namen Aschinger, zumal sich das Luxushotel Fürstenhof bereits im Bau befand. Das erweiterte Geschäftsfeld sollte auch im Firmennamen deutlich werden.

„Das Hohe, Edle und Schöne" – Die Kunst im Weinhaus

In Fachzeitschriften begegnet uns heute ein eher sachlich-zurückhaltender Ton. Nicht so vor hundert Jahren, und ganz besonders nicht, soweit es um die Beschreibung der Architektur und Kunst des Weinhauses Rheingold ging: „Ein Märchen, ein Traum von Pracht und Schönheit tut sich vor uns auf! Eine fast gleichenlose Verschwendung köstlichster Werkstoffe ist doch so völlig in den Dienst edelster Weihekunst getreten, dass aller Prunk nur als selbstverständlicher Dienst an einer edelsten Aufgabe erscheint. Nicht das Prächtige, sondern das Hoheitsvolle, die geheimnisvolle Weihe eines großen Kunstgedankens bestimmt den Eindruck, der nicht in Worte zu fassen ist. Keine Weinstube, sondern eine ‚Weihehalle' großer ernster und echt deutscher Kunst hat ihm [Bruno Schmitz] hier vorgeschwebt."[56] So wortgewaltig wird in der Zeitschrift „Deutsche Kunst und Dekoration" das Kernstück und der Glanzpunkt des Weinhauses, der Kaisersaal, beschrieben.

Als „glanzvolles Neujahrsgeschenk, welches die Aschinger-Gesellschaft der Reichshauptstadt darbringt", bezeichnet die Vossische Zeitung den Neubau und kritisiert gleichzeitig „Neid und Scheelsucht gewisser Kreise" gegenüber dem erfolgreichen Unternehmen. Das Rheingold „steht auf dem ganzen Erdenrund einzig und unvergleichlich dar."[57]

Das Herzstück des Weinhauses Rheingold: der Kaisersaal.

Die Empore des Kaisersaals bot Platz für weitere Gäste und für ein Orchester.

Ganz so sah es auch die Deutsche Bau-Zeitung: Die großartige Architektur und Ausstattung der Säle „atmet eine so außergewöhnliche und kraftvolle künstlerische Gestaltung, einen so fein entwickelten Farbensinn, eine so ungewöhnliche Gewalt über Massen und Formen, dass mit diesen Eigenschaften das Weinhaus ‚Rheingold' in die Reihe der ersten Architektur-Schöpfungen des 19. und des Beginnes des 20. Jahrhunderts tritt. Es ist uns keine neuere Schöpfung des Auslandes bekannt, welche in ihren künstlerischen Eigenschaften an diese Meisterleistung deutscher Baukunst der Gegenwart heranreichte!"[58]

Was veranlasste die fachkundigen Zeitgenossen zu solch euphorischen, aus heutiger Sicht übertrieben wirkenden Beschreibungen? Was war das Einmalige der Schmitz'schen Schöpfung, das viele Tausend Besucher aus aller Welt in Staunen versetzten sollte? Wahrscheinlich der ungezwungene Umgang mit Raum und Größe, mit mystischer und nationaler Symbolik, mit vielseitigen künstlerischen Ausdrucksmitteln und nicht zuletzt der verschwenderische Luxus bei der Verwendung teuerster Materialien und Stoffe – hier sollte es also zu finden sein, das „Rheingold" aus Richard Wagners epischem Drama! Die Räume folgten einer von Schmitz streng vorgegebenen Thematik, die „in vornehmster künstlerischer Weise und nur mit den edelsten Materialien" umgesetzt wurde, denn hier sollte „eine hervorragende Sehenswürdigkeit von Berlin" entstehen, wie der Architekt selbst schrieb und damit sicher auch die Wünsche seiner Auftraggeber formulierte.[59]

Für die Treppenanlagen wurde durchweg Marmor verwendet. Überhaupt waren immer wieder Treppenstufen hinauf- und hinabzusteigen, wollte man das weitläufige Weinhaus ganz

Das Weinhaus Rheingold – Prestigeobjekt und Sorgenkind

Auf strenge Gestaltung legte Architekt Bruno Schmitz in allen Sälen des Weinhauses Rheingold großen Wert.

erkunden. Das lag an den Niveauunterschieden der Gebäudeteile und wurde nicht unbedingt als störend empfunden: Es entstand „eine Flucht von Räumen, bei deren stets wechselnder Höhenlage man zwischen einzelnen Geschossen gar nicht unterscheidet. Stufen hinauf und hinunter, aber immer in dem Gefühl, in einer zusammengehörigen Raumfolge zu bleiben."[60]

Vom Eingang an der Potsdamer Straße aus gelangte man in den „Galeriesaal", dessen Pfeiler aus poliertem und geflammtem Birkenholz mit vergoldeten Reliefs umkleidet waren, die Wände versehen mit Intarsien aus verschiedenen Edelhölzern und Perlmutt. Einige Treppenstufen führten hinunter zum „Muschelsaal", ausgelegt mit farbigem Glas und Muschelwerk, und weiter zum „Steinsaal", der mit seinen figürlichen Skulpturen auch auf zeitgenössische Beobachter einen recht gedrungenen, fast düsteren Eindruck machte. Im Sommer gelangte man von hier aus in die ebenfalls künstlerisch gestalteten Innenhöfe.

Vom Galeriesaal einige Stufen hinauf folgte der „Mahagonisaal" und als Verbindung zum Hauptgebäude in der Bellevuestraße der „Onyx-Saal", gestaltet aus seltenen Gesteinsarten und ebenfalls reich verziert. Hier wie in anderen Räumen trugen prächtige Kronleuchter mit Glühlampen zur festlichen Stimmung bei. Im anschließenden kleineren „Roten Saal" mit Holzvertäfelung und silberner Decke stand der „Rheingoldbrunnen" mit den drei Rheintöchtern aus Bronzeguss. Den Zuschnitt mehrer Säle musste der Architekt außerdem mit der ungünstigen, verwinkelten Grundstückssituation in Einklang bringen, was bei aller Pracht der Ausstattung doch leise Kritik in einzelnen Besprechungen aufkommen ließ.

Den Brunnen „Rheingold-Töchter" hat Franz Metzner für das Weinhaus gestaltet.

In der Bellevuestraße konnte frei von solch beengten räumlichen Verhältnissen geplant werden. Hier präsentierte sich im Erdgeschoss auf einer Länge von 36 und einer Breite von 24 Metern der „Pfeilersaal". Der Zugang erfolgte entweder seitlich über den Roten Saal oder durch die beiden Eingänge an der Stirnseite. Zur Straße hin befand sich vor dem Pfeilersaal eine breite Terrasse, begrenzt durch die beiden Haupteingänge des Weinhauses.

Über dem Pfeilersaal lag die unbestrittene Krönung der gesamten Baugruppe, der „Kaisersaal". Mehr als 1000 Menschen hatten in diesem, ursprünglich für Konzerte vorgesehenen Prunksaal Platz. Vier Kaiserstandbilder von Karl dem Großen, Otto I., Friedrich Barbarossa und Wilhelm I. an den Kopfseiten gaben dem Saal seinen Namen. Dieser „Weihesaal", von Emporen umgeben, reichte in der Höhe bis zum Dach – selbst die Abbildung vermag noch einen Eindruck zu vermitteln von der überwältigenden Raumfülle des Saales, dessen besondere Stimmung „fast zu ernst und großartig für seine jetzige Benutzungsart" als Weinrestaurant erschien.[61]

Auf der Ebene des Kaisersaales, also im ersten Obergeschoss, gelangte man im Zwischenbau zum „Bankettsaal" mit reichem Stuck-Ornament und Marmorverkleidung. Im „Ebenholzsaal" an der Potsdamer Straße findet unser Rundgang durch das Weinhaus Rheingold seinen Abschluss.

Neben dem berühmten Architekten wurden auch bekannte Künstler mit der Ausstattung des Hauses beauftragt. Die reichen Bemalungen des Gebäudes stammten überwiegend von August Unger. Die Skulpturen in zahlreichen Räumen und an der Außenfassade gestaltete der Bildhauer Franz Metzner[62], der in seinen Plastiken die strenge Gegenständlichkeit verließ und damit „auf den stärksten Widerspruch des überlieferten Geschmacks gestoßen ist", schrieb die Bau-Zeitung. So konnte das bereits zitierte Zentralblatt der Bauverwaltung „ein gewisses unbehagliches Gefühl" beim Anblick der Figuren nicht verbergen. „Vergewaltigte Körper" seien hier zu sehen, bei denen der Kopf durch einen „Kloben" ersetzt worden sei. Ganz anders die Bau-Zeitung, die von einer harmonischen Einheit der halbabstrakten Skulpturen und der von Schmitz geschaffenen Architektur spricht.

Auf Ausländer, zumal Franzosen, mag der monumentale Stil des Hauses mit seinen deutlich nationalen Anklängen eher befremdlich gewirkt haben. Der bekannte französische Journalist Jules Huret war jedenfalls alles andere als begeistert: „Man muss sich das ansehen: die Fassade mittelalterlicher Kathedralenstil, Mauern gleich heidnischen Totengerüsten, Untergeschosse,

Das Weinhaus Rheingold – Prestigeobjekt und Sorgenkind

Dunkel gehaltene Räume wie der Ebenholz- und Mahagoni-Saal wirkten auf manche Gäste des Weinhauses eher bedrückend.

Düstere Symbolik im Steinsaal des Weinhauses Rheingold.

Tausend und einer Nacht entnommen, wahre indische Felsennester, die Säle reinste Thronsäle der Gotenkönige, eine Flucht riesiger Räume in Onyx, Marmor, kostbaren Holzarten, rohem Gestein, wo 4000 Menschen zu speisen vermögen. Fast fünfzehn Millionen hat dieser Bau gekostet. Wo wird der Größenwahn der deutschen Architekten Halt machen? Ich habe im Ganzen elf Säle von der Größe gotischer Kirchenschiffe gezählt. Der Kaisersaal im ersten Stock ist für 1200 Personen berechnet. Zwei kupferne Kolossalstatuen, Friedrich Barbarossa und Wilhelm I., die Hände auf den Knauf eines großen, nackten Schwertes gelegt, beschützen den Eingang. Wo bin ich? In welcher altdeutschen Ritterburg, in welchem Riesenkloster? In welchem buddhistischen Totengewölbe, in welchem Walhalla? Ich bin in einem Restaurant, dessen Küche schlecht ist und wo ich zu ermäßigten Preisen essen kann. Das Unglaubliche ist in der Tat das, dass man diese maßlose, aber imposante Geschichte erbaut, dass man diesen phantastischen, mit Nibelungen, Göttern, Riesen und Zwergen bevölkerten Schmuck ersonnen hat, um Leuten, die kaum einen Blick darauf werfen, Gerichte für 80 Pfennige aufzutischen. Es sind sehr schöne Stücke in dieser Ungeheuerlichkeit, aber das Ganze ist plump, zu massig, aufdringlich, ermüdend."[63]

Doch wie polemisch oder begeistert die Kritik auch immer ausgefallen sein mag – das Weinhaus Rheingold war architektonisch, künstlerisch und durch seine schiere Größe eine Attraktion für Berlin. Aschinger war unbestritten in neue Sphären vorgedrungen und außer den günstigen Preisen erinnerte hier wirklich nichts mehr an die Bierquellen. Jetzt mussten die vielen Säle nur noch mit Gästen gefüllt werden und das schien angesichts der großen öffentlichen Aufmerksamkeit zunächst auch kein Problem zu sein.

Die Sorgen begannen früh

Wir besitzen nur wenige persönliche Aufzeichnungen oder Briefe von August und Carl Aschinger. Meist sind es kurze Schreiben aus dem Urlaub oder einem Kurort. Doch eine Notiz, auf Briefpapier mit den Initialen „AA" verfasst, klingt geradezu dramatisch: „Als ich im Juli 1907 wieder durch Bitten meines Bruders ins Geschäft eingetreten bin, waren die Verhältnisse derart, dass ich nicht wusste, ob ich 8 Tage später für meine Kinder noch ein

Das Weinhaus Rheingold – Prestigeobjekt und Sorgenkind   95

Hemd für mein Geld kaufen könnte. Die finanzielle Seite des Rheingold war wirtschaftlich einfach unmöglich und hätte in der Tat die anderen Geschäfte aufgefressen. Dieses Haus betriebsfähig zu stellen, war die größte Aufgabe meines Lebens." [64]

Was war geschehen? Hatte nicht Vorstand Lohnert nur wenige Monate zuvor erfreuliche Umsatzzahlen aus dem Weinhaus Rheingold gemeldet? Die Euphorie der Eröffnungsfeier, das Lob der Presse und das Staunen des Publikums mussten allzu rasch einer realistischen Einschätzung der Lage weichen. August Aschinger, der für die Aktiengesellschaft als Aufsichtsrat und ansonsten nur noch repräsentativ tätig war, kam zurück ins „operative Geschäft", um im Rheingold nach dem Rechten zu sehen.

Ein Problem war die riesige Ausdehnung des Weinhauses mit seinen vielen, auf verschiedene Etagen verteilten Sälen. Die Speisen mussten von den zentralen Küchen im Keller hoch in den „Kaisersaal" oder in den „Mahagonisaal" an der Potsdamer Straße gebracht werden – und kamen dort häufig lauwarm oder gar kalt an. Daran änderten auch die elektrisch beheizten Speisenaufzüge wenig. Doch damit nicht genug: Wenn das Haus mit 3.000 oder mehr Menschen voll besetzt war, stießen selbst die drei großen Küchen an ihre Kapazitätsgrenzen. Die Wartezeiten mögen sich die Gäste anfänglich ja noch mit dem Bestaunen der feinen Materialien und der modernen Kunst vertrieben haben, aber was, wenn das Essen halb kalt auf den Tisch kam?

Ein seltenes handschriftliches Dokument: August Aschinger beschreibt die Probleme des gerade eröffneten Weinhauses Rheingold.

August Aschinger brachte seine ganze Erfahrung als Gastronom ein, um das Rheingold wieder „betriebsfähig" zu machen. Nach seinen Anweisungen wurden im Spätjahr 1907 erhebliche bauliche Veränderungen vorgenommen und an verschiedenen Stellen zusätzliche Küchen- und Wirtschaftsräume geschaffen, um die beschriebenen Probleme zu lösen. Vermutlich verbesserte er auch im Service einiges. Aschinger war sehr zufrieden: Die Sanierung „ist mir besser gelungen als ich je selbst gedacht hätte", schrieb er in seiner Notiz.

Aber die Ertragslage blieb weiterhin schlecht. Hohe und weiter steigende Umsätze reichten kaum aus, um die laufenden Kosten des Gebäudekomplexes zu decken. Das mit erheblichen Finanzmitteln so reich ausgestattete Weinhaus warf selbst bei hoher Auslastung kaum etwas ab. Das verbitterte auch den bereits schwer kranken Carl Aschinger, der sich im Winter 1908/1909 in Davos aufhielt und sich ständig über die Geschäftsentwicklung berichten ließ. „Zu bedauern ist es nur, dass unser schönes Rheingold nicht so vorwärts will, wie wir gerne möchten", schrieb seine Frau Sophie Aschinger aus dem Winterkurort an Vorstand Hans Lohnert.

Wenige Monate später starb Carl Aschinger. In einem der vielen Nachrufe wird das Weinhaus Rheingold als tragischer Fehlgriff des Konzerns geschildert, „denn der dauernde Massenbesuch blieb aus, so dass in den Wochentagen die meisten Säle geschlossen bleiben mussten und nur sonntags sich ein einigermaßen befriedigender Verkehr zeigte, ein Umstand, der umso empfindlicher war, als Küche und Keller durchaus nicht auf der Höhe waren und hinter der Konkurrenz zurückstanden, andererseits aber auch die enorm kostspieligen Baulichkeiten eine besonders hohe Verzinsung erheischten. So ist denn das mit so vielen Ansprüchen erbaute ‚Rheingold' eigentlich nur ein Lokal für die Fremden geworden, mit denen die Berliner ‚Bärenführer' das Lokal besichtigten und dabei gelegentlich ihr Abendbrot zu sich nahmen."[65] Das Rheingold als Touristenattraktion reichte nicht aus, um die prächtig ausgestatteten Säle zu füllen und die 40 Angestellten voll zu beschäftigen. Die Berliner Mittelschichten konnten nicht als Stammgäste gewonnen werden, von den reichen Berlinern ganz zu schweigen.

Die insgesamt sehr gute Geschäftsentwicklung der Aktiengesellschaft bis zum Ersten Weltkrieg mit ständigen Umsatz- und Gewinnrekorden hatte nur diesen einen Schönheitsfehler, das Weinhaus Rheingold. Hier rächte sich, dass ursprünglich eine ganz andere Nutzung, ein Konzerthaus mit angeschlossener Gastronomie, geplant war und dass die Ausstattung „alles bisher Dagewesene" übertreffen sollte. Funktionalität und Rentabilität hatten bei der Planung des Weintempels offensichtlich nicht im Vordergrund gestanden.

Ein Zahlenbeispiel aus dem insgesamt sehr guten Konzernjahr 1911 mag genügen.[66] Alle Bierquellen zusammen hatten allein im Januar dieses Jahres einen Umsatz von 1,1 Millionen Mark und erwirtschafteten daraus einen Gewinn von fast 160.000 Mark, also gute 15 Prozent. Das Rheingold kam beim Umsatz noch auf den hohen Betrag von 300.000 Mark, doch davon blieben als Bruttogewinn nur 15.000 Mark übrig, gerade einmal 5 Prozent. Besser als nichts, ist man versucht zu sagen. Aber die Aktiengesellschaft hatte neun Millionen Mark in den riesenhaften Restaurantkomplex investiert! Viel erfreulicher lief das Hotel Fürstenhof, das ein knappes Jahr später ebenfalls am Potsdamer Platz eröffnet wurde: Hier stand einem Umsatz von 135.000 Mark ein Gewinn von 30.000 Mark, also mehr als 20 Prozent, gegenüber. Der Fürstenhof war ständig ausgelastet, vis-à-vis im Rheingold blieben immer mehr Säle geschlossen.

> ### Der gestrenge Carl Aschinger
>
> In einer Abhandlung zur Geschichte des Zentralverbandes der Hotel-, Restaurant- und Caféangestellten wird sozusagen als abschreckendes Beispiel aus der vorgewerkschaftlichen Zeit ein Vorfall in der Bierquelle Friedrichstr. 88 geschildert: Carl Aschinger beobachtete von der Straße aus seinen Zapfer A., „wie dieser entgegen dem erlassenen Verbot einem kleinen Kinde von etwa 6 Jahren ein Geschenk gab. Die Verkäuferin L. gab dem Kinde, das augenscheinlich rechten Hunger hatte, überdies noch ein Brötchen. Die exemplarische Strafe folgte auf dem Fuße. Herr Aschinger forderte den Zapfer auf, seine Arbeit einzustellen. Bescheiden machte dieser seinen Prinzipal darauf aufmerksam, dass eine vierwöchentliche Kündigung bestehe, und Herrn Aschinger blieb auch nichts anderes übrig, als diesen Umstand anzuerkennen." Der Zapfer sei nun gezwungen worden, die Kündigungsfrist im kalten Lagerkeller und nach erfolgreicher Beschwerde in einer kleinen Nische in der Küche abzusitzen. Eine solch „unverschämte Zumutung" wäre heute, also 1928, angesichts der Organisation des Zentralverbandes nicht mehr möglich, so das Fazit des Verfassers.
> Wie der Arbeitsgerichtsprozess ausging, wissen wir nicht und somit auch nicht, wie sich der Vorfall aus Sicht Carl Aschingers abgespielt hat. Eines wird jedoch aus den beiden Episoden – die mobilen Kontrollfahrten August Aschingers und der heimliche Blick in das Lokal durch seinen Bruder – recht deutlich: Die Schöpfer der Bierquellen waren selbst als Rentiers noch so eng mit ihren Lokalen verbunden, dass sie bei überraschenden Stippvisiten persönlich die Einhaltung der Vorschriften überwacht haben.
> Diese starke Identifikation ist nahe liegend, schließlich hatten August und Carl unter großem persönlichen Arbeitseinsatz in wenigen Jahren eine beispiellose Gaststättenkette in der Hauptstadt aufgebaut. Die Bierquellen waren ihr Lebenswerk, deren ordnungsgemäßer Betrieb – Sauberkeit, freundlicher Service – sicher nicht allen der vielen Hundert Angestellten so sehr am Herzen lag wie den beiden Gründern. Zur „guten Ordnung" der Bierquellen gehörte eben auch, so grausam das im Falle des hungernden Kindes klingt, dass die kostenlosen Brötchen nur den Gästen, nicht aber Hausierern und Bettlern angeboten werden durften.
> Der verständliche Wunsch, den eigenen Betrieb voll unter Kontrolle zu halten, ist bei vielen Firmengründern anzutreffen. Auch dann noch, wenn das Unternehmen längst so groß geworden ist, dass eine lückenlose persönliche Beaufsichtigung gar nicht mehr möglich ist – und aus ökonomischer Sicht nicht sinnvoll und effizient.
>
> *Poetzsch (1928), S. 64f.*

Im Jahr 1919 dachte der Vorstand erstmals an den Verkauf des Weinhauses und erhielt dazu eine Ermächtigung des Aufsichtsrates. Nur knapp hatte die Gesellschaft das Ende des Ersten Weltkrieges mit seiner Mangelwirtschaft und dem Niedergang aller Wirtschaftsbereiche überstanden. Was lag da näher, als in den Wirren der Revolution und mit wenig Aussicht auf Besserung das schwächste Glied in der Konzernkette loszuwerden? Doch aus dem Verkauf, der mindestens 15 Millionen Mark einbringen sollte, wurde nichts. Der Aufsichtsrat bedauerte dies, „da man es gern gesehen hätte, dieses Objekt abzustoßen"[67]. Weil das nicht gelang, kam man 1922 auf die Idee, Tanz- und Kabarettveranstaltungen anzubieten. Doch das alles

Werbung für das Weinhaus Rheingold. Das Foto aus dem Jahr 1938 zeigt die Hinterseite des Hotel Fürstenhof am Leipziger Platz mit der „kalten" und „warmen" Bierquelle.

half nicht viel. Der Vorstand stellte 1928 resignierend fest, dass entgegen den Bierquellen oder dem Fürstenhof das Rheingold „nicht annähernd seine Unkosten deckt, geschweige dass von einem Verdienst die Rede sein kann." Angesichts der Wirtschaftskrise ab 1930 wurde alles noch viel schlimmer. Jetzt konnten die Verluste des Rheingold nicht mehr durch die Gewinne der anderen Einrichtungen ausgeglichen werden. Der Aschinger-Konzern geriet in eine ernste Schieflage, zumal die Banken 1931 nicht bereit waren, noch mehr Geld in das Unternehmen zu pumpen. Die Stundung von Steuern, Zinsen und Gehältern sollte Rettung bringen. Das Rheingold blieb in den Jahren 1931/1932 ganz geschlossen.

Unter anderen politischen Vorzeichen, im nationalsozialistischen Deutschland des Jahres 1935, wurde an eine neue Nutzung gedacht, um das defizitäre Rheingold endlich aus den roten Zahlen zu bringen. „Die Pläne liegen bereits vor und haben, wie ich höre, auch die Zustimmung unseres Führers gefunden."[68] Doch diese optimistische Einschätzung eines Konzernvertreters war verfrüht. Wir wissen zwar nicht, was mit dem Weinhaus konkret geplant war, aber selbst höchster Zuspruch reichte für die Umsetzung nicht aus.

Wie wir aus den Aufzeichnungen des Werbeleiters Damrow wissen, wurden die Kontakte zur Partei genutzt, um zahlreiche Gruppen, die mit der NS-Bewegung „Kraft durch Freude" nach Berlin kamen, im Rheingold zu verköstigen. Auch Veranstaltungen „vaterländischer Vereinigungen" fanden hier öfters statt, was jedoch das grundlegende Problem der schlechten Dauerauslastung nicht beseitigen konnte. In den Kriegsjahren diente der Prunkbau ohnehin mehr als Truppenquartier denn als Weinrestaurant. Bereits im Winter 1940 musste der Betrieb wegen Kohlenmangels zeitweise eingestellt werden.

Im Januar 1943 endlich teilte die Unternehmensleitung nach einem Bericht der Berliner Börsenzeitung[69] den Verkauf des Grundstückes Rheingold mit. Jetzt plötzlich hatten gleich mehrere Reichsministerien Interesse an dem Gebäude, und es gab „beinahe wöchentlich" Besichtigungen mit Behördenvertretern. Ein Vorvertrag mit dem Finanzministerium bezifferte den Kaufpreis auf sechs Millionen Reichsmark. Den Zuschlag erhielt aber letztlich die Reichspost.[70]

Im Glanz des Weinhauses Rheingold und der euphorischen Aufnahme durch die Fachpresse konnten sich die Brüder Aschinger und Hans Lohnert also nur wenige Monate nach der Eröffnung im Februar 1907 sonnen. Der Rest war eine einzige Leidensgeschichte, die in den Berliner Bombennächten 1944/45 ihr Ende fand.

Das Luxushotel Fürstenhof bereitet mehr Freude

Der Einstieg in die Hotelbranche mit dem Luxushotel Fürstenhof verlief für die Aschinger's AG viel erfreulicher als jener in die Sparte der gehobenen Gastronomie mit dem Weinhaus Rheingold. Vermutlich liegt in diesem anhaltenden Erfolg der Grund dafür, dass der Konzern in den 1920er Jahren kräftig in das Hotelgeschäft investierte und hier zum führenden Unternehmen Europas aufstieg.

Der Fürstenhof, am 5. November 1907 eröffnet, ragte mit seinen charakteristischen Ecktürmchen mächtig in den Potsdamer Platz und den benachbarten Leipziger Platz hinein. Wer vom Potsdamer Bahnhof kam, lief praktisch auf das Hotel zu. Eine solche Spitzenlage war dem Weinhaus Rheingold nicht vergönnt. Natürlich fand auch das neue Luxushotel, an Stelle des älteren Fürstenhofes erbaut, eine staunende Aufnahme in der Presse. Doch es gibt einen deutlichen Unterschied: Standen beim Rheingold die hohe Kunst und Architektur im Vordergrund, so ordnete sich hier die ebenfalls hochwertige Ausstattung dem eigentlichen Zweck des Gebäudes unter, mit der komfortablen Beherbergung von Gästen Geld zu verdienen. Der Fürstenhof wurde als modernes, funktionales Hotel geplant, nicht als Kunsthalle.

Mitten in dem vom „Großstadtverkehr umspülten" Platz sollte der Fürstenhof als ruhender Pol wirken.[71] Die lange Gebäudefront an der Königgrätzer Straße passte sich der Architektur der angrenzenden Häuser an und führte diese bis zum Potsdamer Platz, um hier „durch einen mäßig hohen, aber wuchtigen eckturmartigen Bauteil mit gedrückter kupferner Haube" das Ende des Straßenzuges kräftig hervorzuheben. Der „kastellartig wirkende Baukörper" mit seinem Kupferdach biete dem Ankömmling in dem allgemeinen Gewirr des Platzes einen festen Blickpunkt und könne sich sogar zum Wahrzeichen entwickeln, lobte das Zentralblatt der Bauverwaltung.

Die große Empfangshalle war mit Eichenholz vertäfelt und mit goldenen Schnitzereien verziert. Der Blick der Gäste richtete sich jedoch zunächst auf die drei schönen Innenhöfe,

1906/07 baute die Aschinger's AG das Hotel Fürstenhof am Potsdamer Platz. Die offizielle Postkarte zeigt die markante, in den Platz hineinragende Spitze und die lange Fassade in der Königgrätzer Straße.

die als Gartenanlagen mit Skulpturen und Brunnen gestaltet waren und im Sommer zum Verweilen einladen sollten. Im Erdgeschoss befanden sich neben den üblichen Hoteleinrichtungen vom Empfang bis hin zum Blumengeschäft ein Café und mehrere Restaurants wie der „Leipziger Hof". Natürlich durfte auch eine Aschinger-Bierquelle nicht fehlen, die sich über zwei Stockwerke erstreckte. Wer es anonymer mochte, konnte die „Automatenspeisehalle" betreten, in der das Essen und die Getränke nach Münzeinwurf mechanisch ausgegeben wurden. Diese Art von Lokalen war nach 1900 in Berlin modern geworden, sie hielten sich jedoch nicht lange und waren wohl auch für die Bierquellen keine echte Konkurrenz. Ein großes Automatenrestaurant baute der Stararchitekt Bruno Schmitz für die bereits in der Gewerbeausstellung 1896 vertretene Firma Sielaff in der Friedrichstraße.[72]

Doch zurück zum Fürstenhof. Zu den Hotelzimmern kamen die Gäste über die breite Marmortreppe oder mit dem Fahrstuhl bis ins vierte Stockwerk. Die auffallend breiten Flure in den Obergeschossen waren durch Glühlampen hell erleuchtet. In den Zimmern selbst hatten die Planer großen Wert auf die Schalldämmung gelegt, sowohl durch eine Doppeltür gegen den Flur als auch durch doppelte Fenstertüren zu den Balkonen am Potsdamer Platz mit seinem nicht enden wollenden Verkehrslärm. Neben Kalt- und Warmwasser gab es in den rund 300 Zimmern auch eine Zuleitung mit Trinkwasser. Die „dienstbaren Geister" des Hotels wurden nicht etwa durch störende Klingeltöne herbeigerufen, sondern durch Glühlampen, die für das Personal gut sichtbar an den Flurkreuzen angebracht waren und von den

Der Potsdamer Platz um 1910 mit dem Hotel Fürstenhof, dem Haus Potsdam (später Haus Vaterland), dem Bahnhof und dem Bierhaus Siechen.

Zimmern aus per Druckknopf eingeschaltet werden konnten. Aus hygienischen Gründen gab es keine Vorhänge oder Tapeten, sondern helle Wandanstriche mit Musterungen. „Die Möbel im Fürstenhof sind durchweg in bescheidenen Formen, aber guten Stoffen sehr sorgfältig und zweckmäßig ausgeführt." Alles in allem, so das Fazit des Artikels, „ein stattlicher Bau, ohne Überladung und ohne kleinliche Sparsamkeit, in der ehrlichen Absicht geschaffen, etwas Gutes und Gediegenes zu leisten."

Mit 15 Millionen Mark hatte die Aktiengesellschaft in das Hotel Fürstenhof noch mehr investiert als in das Weinhaus Rheingold. Auch hier haben schwierigste Untergrundverhältnisse den Bau verzögert und verteuert. Doch damit enden die Parallelen auch schon. Der Fürstenhof arbeitete von Anfang an rentabel und war meist ausgebucht. Die Hotelleitung machte sich deshalb schon Sorgen, weil viele Gäste immer wieder abgewiesen werden mussten – eine Sorge, die man dem Rheingold auch gerne gewünscht hätte. Mit dieser Investition lag die Aschinger's AG also genau richtig: ein modernes Hotel der gehobenen Klasse an einem der verkehrsreichsten Plätze Berlins. Bernhagen sieht im Fürstenhof den „Prototyp eines ‚Durchgangshotels' für Reisende mit relativ kurzer Verweildauer [...]. Ein pragmatisches Haus mit einem zunächst noch bescheidenen Anflug zur Spitze."[73] Doch der Berliner Spitzenhotellerie durfte sich der Fürstenhof durchaus zurechnen: Elegante Zierhöfe im Innern gab es sonst nur noch im Adlon und Esplanade. 1914 kaufte die Gesellschaft das gegenüberliegende Palast-Hotel hinzu und rundete damit ihr Angebot am Potsdamer Platz ab.

Berlin Alexanderplatz mit der Figur der Berolina, dem Grand Hotel und dem Turm der Georgenkirche um 1900. Aschinger war an diesem zentralen Platz mit der 4. Bierquelle vertreten. Im Jahr 1900 kamen die erste Konditorei und die Verwaltung der Aktiengesellschaft hinzu.

Ende 1943 heißt es in einer offiziellen Unternehmensgeschichte rückblickend, der Fürstenhof sei „eine der besten Verdienstquellen der Gesellschaft" überhaupt gewesen.[74] Weniger glücklich waren die weiteren Investitionen in die Hotelbranche, doch das lag in erster Linie an der wirtschaftlichen Entwicklung Deutschlands bis zur Weltwirtschaftskrise 1931/32 und an der hohen Verschuldung, die mit der ungezügelten Expansion des Aschinger-Konzerns in den 1920er Jahren einherging. Doch zunächst mussten der Erste Weltkrieg, das Inflationsjahr 1923 und der frühe Tod der Firmengründer überstanden werden.

9 Der frühe Tod der Bierquellen-Gründer

Carl und August Aschinger sind früh gestorben, Carl am 5. Mai 1909 nach längerer Krankheit im Alter von 53 Jahren und August am 28. Januar 1911 als 48-jähriger Mann. Es war die Zeit der größten Erfolge der Aschinger's AG, eines Imperiums, das sie in 15 Jahren aus dem Nichts aufgebaut hatten. Carl und August Aschinger sind aber auch als berühmte Leute gestorben. Die Nachrichten von ihrem Tod wurde von den Agenturen verbreitet und ging um die Welt. Es gab Nachrufe in der gesamten Berliner Presse, in unzähligen deutschen und europäischen Blättern und in Übersee. Ein Ausschnittdienst hat sie für das Unternehmen und die Familie gesammelt. Häufig wurde der Tod der Gastronomen zum Anlass genommen, um an die Anfänge der Bierquellen zu erinnern und den rapiden Aufstieg der „Aschingerei" zu erklären. Nicht selten gab es dabei auch Seitenhiebe auf die einfachen Verhältnisse, aus denen die Brüder stammten und denen sie durch die Zugehörigkeit zur feinen Berliner Gesellschaft, einen aufwändigen Lebensstil und ihre Jagdleidenschaft entflohen seien.

Doch wer waren eigentlich die Menschen hinter den berühmten Namen? Die Persönlichkeiten bleiben weitgehend im Dunkeln, es gibt kaum private Aufzeichnungen, woran wohl auch der frühe Tod schuld ist. Vielleicht erfahren wir aus den Nachrufen und den Grabreden etwas mehr über die Personen Carl und August Aschinger, wenngleich diese Quellen natürlich mit einer gewissen Vorsicht zu betrachten sind.[75]

Die Trauerfeier für Carl Aschinger fand am 8. Mai 1909 in dessen Wohnung in der Friedrichstraße 4 statt. Das Haus glich einem Blumenmeer. Unter der Trauergemeinde waren neben der Familie und Hans Lohnert hochrangige Vertreter des Berliner sowie des Deutschen Hotel- und Gaststättengewerbes, der Kellnerverbände und viele persönliche Freunde, „die sich Carl Aschinger durch sein liebenswürdiges, schlichtes Wesen erworben hatte." Pastor Max Fischer gedachte „seiner Energie und seines nie rastenden Fleißes".

Die Trauerrede des Pfarrers Fischer ist in mehrfacher Kopie erhalten geblieben. Er ging auf die längere Erkrankung ein, die er auf eine allgemeine Erschöpfung Carls zurückführte: „Müder und müder war sein Gang geworden in den letzten Jahren und Monaten", seine „Kraft aufgebraucht und im Dienste seines Lebenswerkes verzehrt." Da er aus „dürftigen Verhältnissen" stammte, sei er auf seinen Fleiß angewiesen gewesen – und auf seine feine Beobachtungsgabe: „Mit klugem Sinn verstand er die Bedürfnisse und Erfordernisse unserer modernen Zeit, die großen Entfernungen unserer Weltstadt, das eilige, hastige Leben in Geschäft und Beruf, die Notwendigkeit, hier einzugreifen und zu helfen." Getrieben worden sei er dabei nicht von der Gier nach Geld, sondern „von dem Eifer der Arbeit und von einem Geist, der Lust hat an Erfindungen und neuen Entdeckungen". Seine zweite Frau habe ihm häusliches Glück und Geborgenheit geboten, nachdem die erste Frau früh gestorben war. Sophie sei verständnisvoll und still gewesen, wenn der „erfindungsreiche Geist arbeitete und sann", wie es der Pfarrer ausdrückte. Nach den Reden setzte sich der Leichenzug zum Jerusalemfriedhof in der Bergmannstraße in Bewegung, der „von Menschen dicht gefüllt" war, wie es in einem Bericht hieß.

Beisetzung von August Aschinger auf dem Luisenfriedhof in Berlin-Charlottenburg.

Am Sterbebett von August Aschinger im Wohnhaus am Kurfürstendamm saßen seine Frau Helene und die Kinder Elisabeth und Fritz. Die kleine Lisbeth, so lesen wir in einem der vielen Nachrufe, spielte am Klavier das Lied „Befiehl dem Herrn deine Wege". Der Sterbende spendete der Familie Trost und gab den kleinen Kindern ein Wort seiner Mutter mit auf den Lebensweg: „Sei fromm, fleißig und ehrlich."

Die Trauerfeier dürfen wir uns ganz ähnlich wie bei Carl vorstellen. Jetzt waren neben der Familie und prominenten Vertretern des Gastgewerbes auch der Bürgermeister und Pfarrer seiner Heimatgemeinde Oberderdingen dabei, die August Aschinger 1910 zum Ehrenbürger ernannt hatte und der er zeitlebens verbunden geblieben war. Pfarrer Fischer, der wieder die Trauerrede hielt, würdigte den Verstorbenen in ähnlichen Worten wie dessen Bruder, neben Fleiß und Familiensinn wurde jetzt auch „seine unermüdliche Wahrhaftigkeit" betont. An der Beisetzung auf dem Luisenfriedhof in Charlottenburg nahm eine große Trauergemeinde teil. Das Familiengrab ist heute noch erhalten.

Der Berliner Lokalanzeiger schrieb: „Aschinger kümmerte sich persönlich um alle Einzelheiten seines Betriebes, er war als Mensch eine bescheidene, wenig vordringliche Persönlichkeit, und es darf ihm nachgerühmt werden, dass er ein überaus warmherziges Interesse für seine Angestellten vielfach bestätigt hat. Seine Lieblingsidee war die Gründung eines Altersheimes für alle in seinen Diensten Stehenden." Diese Idee kam über den Grundstückserwerb nicht hinaus, aber die treu sorgende Art August Aschingers gegenüber den Angestellten und allen, die aus seiner Heimat Oberderdingen nach Berlin kamen, wurde mehrfach gewürdigt. Er zeigte Interesse „für das Wohl und Wehe auch des geringsten unter seinen Angestellten" und strebte „absolute Solidität in allen Details seines Riesenbetriebes" an. Seine tiefe protestantische Frömmigkeit und seine Wohltätigkeit blieben ebenfalls nicht unerwähnt.

Wir erfahren aus einem Nachruf auch jene Geschichte, die immer wieder nacherzählt worden ist und sich zu einer Art Gründungslegende entwickelt hat: „Gern erzählte der bescheidene Mann im Freundeskreis aus jener Zeit, da er als Kochlehrling mit 1,50 Mark nach Berlin kam, rastlos arbeitete, sparte und dann mit seinem ersten Lokal in der Rosentaler Straße [richtig: Neue Rossstraße] einen bescheidenen Anfang wagte." Sicher waren Carl und August Aschinger sparsame Männer, hatten sie doch ein großes Ziel vor Augen. Doch die Mitgift seiner vermögenden Frau Helene, geborene Neumann, die August Aschinger 1888 geheiratet hatte, sollten wir in diesem Zusammenhang auch nicht vergessen. Daraus ergab sich das notwendige Startkapital für die ersten Bierquellen.

Wir haben jetzt schon ein etwas genaueres Bild von den beiden Persönlichkeiten. Carl war offensichtlich der ruhigere der beiden Brüder, fast schon verschlossen wirkend. Wir können ihn uns gut vorstellen, wie er an kleineren Erfindungen für die Bierquellen oder an großen Maschinen für die Zentrale tüftelte. Er hat aufopferungsvoll für sein Lebenswerk gearbeitet, war aber auch streng gegenüber den Mitarbeitern, die er bei seinen Kontrollgängen beargwöhnte.

Die Tochter Elisabeth kaufte gerne ein

Nach dem frühen Tod von August Aschinger wurde im Jahre 1911 für die beiden minderjährigen Kinder Elisabeth und Fritz eine Pflegschaft eingerichtet. Während sich der Sohn zielstrebig auf seine künftigen Führungsaufgaben im Konzern vorbereitete, heiratete die Tochter schon bald den bulgarischen Adligen von Kermektschiew.
Aus dem Nachlass ihres Vaters wurde ihr für das Jahr 1913 ein Betrag von 25.000 Mark für die Einrichtung einer Wohnung in Sofia und den allgemeinen Lebensunterhalt bewilligt. Doch schon im April war diese Summe durch diverse Einkäufe um die Hälfte überschritten. Als Elisabeth bei Direktor Lohnert auch noch darum bat, anlässlich einer Feierlichkeit in der bulgarischen Hauptstadt „ein Diadem zu besitzen und ihrem Manne einen Brillantring zu schenken", wurde es den Verantwortlichen zu bunt. Der Nachlassverwalter weigerte sich, diese „unsinnigen Ausgaben" von weiteren 10.000 Mark zu bewilligen und forderte den eingesetzten Vormund auf, mit der jungen Frau ein ernstes Wort zu reden: „Wir meinen deshalb, dass mit allen Mitteln der Verschwendungssucht der Frau Kermektschiew entgegengetreten werden müsse, weil man immer die Hoffnung nicht aufgeben darf, dass sie doch noch sich eines besseren besinnt und mit Geld wirtschaften lernt."
In einem Schreiben an die reiche Erbin listete Vormund Dr. Simon alle Rechnungen von Berliner Kaufhäusern auf, die Elisabeth nach ihren Einkäufen direkt an den Konzern schicken ließ. Er beschwerte sich, dass „Sie es nicht einmal für nötig befunden haben, mich deswegen zu befragen" und wollte die Rechnungen nicht bezahlen. Doch die recht deutliche Warnung half wenig. Im Oktober 1913 wurde bekannt, dass sich das Ehepaar Kermektschiew auch von dritter Seite Geld geliehen hatte und im November tauchten neue Rechnungen auf – diesmal im Zusammenhang mit der Einrichtung einer Wohnung in St. Petersburg. Der adlige Lebensstil hatte eben seinen Preis.

Landesarchiv Berlin, A Rep. 225, Nr. 232.

Die neuere Grabstätte der Familie August Aschinger auf dem Luisenfriedhof.

Das unterscheidet ihn nicht von seinem Bruder, der den Bierquellen auch gerne einen überraschenden Besuch abstattete. Doch August war sicher der offenere der beiden Brüder, neigte eher zur Repräsentation und führte die Besuchergruppen gerne selbst durch den Zentralbetrieb. Ihm wurden architektonische Interessen nachgesagt, die er im Weinhaus Rheingold umsetzen konnte. In einem Bericht wird August Aschinger als „Hauptleiter" des Unternehmens bezeichnet. Bis kurz vor seinem Tode ließ er sich von der Aktiengesellschaft ein Salär für seine repräsentativen Aufgaben auszahlen. Wir können uns darunter Kontakte zu Politik und Behörden, aber auch zur Presse vorstellen, die nach den neidischen Bemerkungen des Berliner Gastwirteverbandes von Aschinger seit jeher „gehätschelt" worden sei. August Aschinger ging mit seinem Reichtum gönnerhaft um und bedachte nicht zuletzt seine Heimatgemeinde Oberderdingen mit einer Stiftung.

10 Erster Weltkrieg und Inflation

Frühes Ende der Kriegseuphorie

Der nationalen Euphorie bei Ausbruch des Ersten Weltkrieges folgte bald die Ernüchterung. Schon Ende 1914, vor allem aber ab dem Jahr 1915 gab es Engpässe bei der Lebensmittelversorgung der breiten Bevölkerung und damit teilweise erhebliche Preissteigerungen. Fleisch wurde zum Luxusprodukt und Butter, als kalorienreicher Brotaufstrich unverzichtbar, verteuerte sich innerhalb eines Jahres von 1,40 Mark auf 3,30 Mark. Die Lebensmittelrationierung ab 1916 macht die angespannte Lage überdeutlich. Im Vergleich zu den Friedensjahren konnte der Fleischbedarf nur zu 30 Prozent und jener an Butter nur zu 20 Prozent gedeckt werden. Die Frauen, die stundenlang vor den Geschäften warten mussten, protestierten lautstark.

Nach einer Missernte und durch strengen Frost kam es zum berüchtigten „Kohlrübenwinter" 1916/17: „Kartoffeln waren wochenlang nicht zu haben, Fleisch und Fett teuer und selten, die Qualität des Brotes miserabel."[76] Was es gab, waren eben Kohlrüben, aber auch hier blühte der Schwarzmarkt. Es spielten sich unvorstellbare Szenen der Not ab. Etwa jene, als Frauen ein gerade auf der Straße verendetes Pferd ausschlachteten, um wieder einmal zu einem Stück Fleisch zu kommen. Selbst die Plünderung der Geschäfte lohnte sich kaum noch, es gab einfach nichts mehr zu holen. Die Zahl der Hungertoten in den Kriegsjahren wird auf 700.000 geschätzt.

Das Ende des Krieges kündigte sich durch Massenstreiks und die großen Januardemonstrationen des Jahres 1918 in Berlin an. Als die Kieler Matrosen Anfang November den sinnlosen Befehl zum Auslaufen ihrer Schiffe verweigerten, brach das Deutsche Kaiserreich innerhalb weniger Tage zusammen. Am 9. November 1918 besetzten die Berliner Arbeiter das einst so mächtige Polizeipräsidium am Alexanderplatz ohne Widerstand. Der Kaiser dankte ab und floh überstürzt aus der Hauptstadt, der Sozialdemokrat Philipp Scheidemann rief die Republik aus, die nach den revolutionären Wirren 1918/19 als Weimarer Republik in die Geschichte eingehen sollte.

Dünnes Bier und Mangelwirtschaft – Aschinger übersteht die Kriegsjahre

Wie überstand der Aschinger-Konzern die Jahre des Krieges und der Krise? Ende 1914 beklagte Vorstand Lohnert bereits erhebliche Preissteigerungen bei Fleisch und anderen Lebensmitteln, aber auch den Personalverlust durch die „im Felde stehenden 719 Angestellten" sowie die „Ausmusterung von weit mehr als der Hälfte unseres Pferde- und Kraftwagenbestandes" für Kriegszwecke.[77] Als „Ehrenpflicht" wird die Unterstützung der Familien von einberufenen Betriebsangehörigen bezeichnet.

Ein Jahr später hatte sich die Lage durch die Rationierungen und die Einführung von fleisch- und fettlosen Tagen auch für das Gastgewerbe erheblich verschärft. Die Backvorschriften der Regierung zur Reduzierung des Mehlverbrauchs gefährdeten sogar die Herstellung „unserer allgemein beliebten Aschinger-Brötchen. Es gelang uns jedoch, eine sehr wohlschmeckende Backware aus beschlagnahmefreien Rohmaterialien herzustellen, die ohne Brotkarte an das Publikum abgegeben werden konnte und sich reger Nachfrage erfreut, da sie als ein ausgezeichneter Ersatz für Weizenbrot bezeichnet werden kann." Welche Ersatzprodukte dabei verwendet wurden, erfahren wir leider nicht. Ansonsten blieb es ein Grundsatz des Unternehmens, „die Verkaufspreise so niedrig wie möglich zu halten und nur vorzügliche Speisen bei reichlichen Portionen zu bieten", was 1915 immerhin noch zu einem Reingewinn von 400.000 Mark führte.

1916 waren die Schwierigkeiten bereits „ins Unermessliche gewachsen". Sämtliche Nahrungs- und Genussmittel, „vor allen Dingen das Bier, der Lebensnerv unserer Quellen, waren bei weitem nicht ausreichend vorhanden." Die Kriegs- und Mangelwirtschaft hat die „altbewährten Prinzipien, nur das Beste vom Besten, ohne Rücksicht auf den Preis zu kaufen", schwer erschüttert. Doch die Konzernleitung betrachtete es als ihre „vaterländische Pflicht", die Ernährungslage der Not leidenden Bevölkerung zu sichern und sah sich „durch die gesteigerte Frequenz unserer Lokale" bestätigt – „wobei es uns eine besondere Genugtuung war, Zehntausende unserer durchreisenden Feldgrauen täglich erquicken zu können." Durch diesen großen Einsatz werde man sich die Treue des Publikums, „welches den Kern der Berliner Erwerbsstände ausmacht", auch nach dem Krieg erhalten. Das Hotel Fürstenhof blieb 1916 voll ausgelastet und bei allen Problemen konnte erneut ein Gewinn erwirtschaftet werden.

Das blieb sogar im schweren Kriegsjahr 1917 so, obwohl Rationierungen und Engpässe ganz neue Dimensionen erreichten und mehrere Tiere des Aschinger-Fuhrparks wegen Futtermangels verendeten. Da „die Ernährungstechnik, auf deren Ausbildung wir von jeher das größte Gewicht gelegt haben, weitere Fortschritte gemacht hat", standen verschiedene Ersatzstoffe bei der Speisezubreitung zur Verfügung, an die sich die Berliner offenbar rasch gewöhnten. Die Bierquellen und sogar das Weinhaus Rheingold wurden gut frequentiert, der Fürstenhof und das hinzugekaufte Palast-Hotel blieben aufgrund ihrer günstigen Verkehrslage am Potsdamer Platz ausgelastet. Eine Ehrentafel erinnerte an die 15 gefallenen Angestellten dieses Jahres.

Das Kriegsende, die „Hungerblockade" der Siegermächte und die „durch politische Umtriebe entstandenen Unruhen" kennzeichneten die Berichte der Jahre 1918/19. Die Lohnbewegung der Arbeiter und Angestellten habe zudem „ungeahnte Dimensionen" erreicht und untergrabe das Geschäft. Die Lohn- und Gehaltssumme der über 2000 Mitarbeiter stieg von 3,5 Millionen Mark 1918 auf 8,5 Millionen Mark 1919, was natürlich auch eine Reaktion auf die Preisentwicklung bedeutete. In diesem Krisenjahr – Fritz Aschinger, der Sohn Augusts, war inzwischen in den Vorstand eingetreten – mussten viele Betriebe wegen anhaltender Lebensmittelknappheit geschlossen bleiben. Und dann das Bier, der „Lebensnerv" Aschingers: „Das Bier ließ auch weiterhin an Qualität zu wünschen übrig und büßt mehr und mehr seinen Charakter als Volksgetränk ein. Die Brauereien werden so mangelhaft mit Gerste bzw. Malz beliefert, dass nur Dünnbier hergestellt werden kann. Durch ein schmackhaftes bekömmliches Bier könnte viel Unzufriedenheit beseitigt werden."

Während sich die Versorgungslage vorübergehend besserte, belastete die inflationäre Preisentwicklung ab 1921 die Geschäfte immer mehr. Trotz wöchentlicher Anpassung konnten die Verkaufspreise in den Bierquellen mit Rücksicht auf das Publikum nicht in dem Maße erhöht werden, wie die Kosten für Lebensmittel und Bedienstete stiegen. Der Vorstand verwandelte deshalb die 25. Bierquelle in ein „warmes" Lokal mit Selbstbedienung, um Personal einzusparen. Doch 1923, im Jahr der Hyperinflation, halfen solche Überlegungen nicht mehr: „Es ist vorgekommen, dass in einzelnen Wochen die Einnahme aller Geschäfte nicht hingereicht hat, die Löhne für die gleiche Woche zu zahlen." Der Optimismus kehrte erst wieder mit der Einführung der Goldmark und der Geldwertstabilität zurück.

Aber die Geschäfte entwickelten sich nach 1924 nicht so wie erhofft und die Touristen blieben aus. Dennoch wagte die Aschinger's AG Mitte der 1920er Jahre den ganz großen Einstieg in das Berliner Hotelgewerbe – eine gigantische Fehlentscheidung, wie sich bald zeigen sollte, die den Konzern an den Rand des Zusammenbruchs brachte.

Fritz Aschinger (1894–1949). Der einzige Sohn von August Aschinger trat 1919 in den Vorstand des Konzerns ein.

Eine Milliarde Mark Monatsgehalt – Die Inflationsjahre 1922/23

Die Ursachen der Inflation, die 1923 in die Katastrophe führte, gehen bereits auf das Jahr 1914 zurück. Mit Beginn des Ersten Weltkrieges wurde die Verpflichtung der Reichsbank aufgehoben, Bargeld jederzeit in Gold umzutauschen. Die Regierung erhob sich damit zur „Herrin über die Geldmenge" und nutzte ihre Möglichkeiten der Kreditschöpfung durch die Notenpresse kräftig aus: Am Ende des Krieges war fünf Mal so viel Bargeld im Umlauf wie vier Jahre zuvor. Das führte 1921 zu einem 20fach höheren Preisniveau als in der Vorkriegszeit.[92] Bis Anfang 1922 hielten sich Preise und Löhne jedoch noch in einem gewissen Gleichgewicht, da die nach der Revolution von 1918/ 1919 starke Gewerkschaftsbewegung deutliche Lohnerhöhungen durchsetzten konnte.

Das Schlimmste, was man in den Monaten der Hyperinflation ab Ende 1922 besitzen konnte, war – Geld! Die Scheine waren durch die permanenten Preiserhöhungen von Tag zu Tag weniger wert. Bargeld, das die Arbeiter oder Angestellten in Form von Lohn oder Gehalt und die Händler durch ihre Verkäufe erhalten hatten, musste so schnell wie möglich wieder in Nahrungsmittel, Kleidung und andere Sachgüter umgetauscht werden. Doch wer wollte das wertlose Geld schon haben? Eine unglaubliche Hektik machte sich breit. Angesichts langer Warteschlangen vor den Geschäften kam es zu Unruhen und Plünderungen.

Die Beschleunigung der Inflation lässt sich ganz gut an der Lohnentwicklung bei Aschinger ablesen. Hierzu betrachten wir die Zahlungen an die rund 25 Angestellten des Weinhauses Rheingold in jenen Jahren: Im Dezember 1921 summierten sich die Gehälter auf 52.000 Mark, was auch schon eine erhebliche Steigerung gegenüber den Vormonaten bedeutete. Im April 1922 waren es schon 90.000 Mark, im Dezember dieses Jahres 1,5 Millionen Mark. Somit stiegen die Gehälter innerhalb eines Jahres um das 300fache und kamen dennoch den Preisen nicht hinterher!

Doch der Höhepunkt der Geldentwertung stand erst noch bevor: Gehälter von 6 Millionen Mark waren es im April 1923, 82,5 Millionen Mark im Juli 1923, bereits über eine Milliarde Mark im August, um im September 1923 auf unglaubliche 38 Milliarden Mark anzusteigen. Jeder einzelne Angestellte „verdiente" in diesem Monat also deutlich mehr als eine Milliarde Mark! Bis Mitte November sollte sich diese Summe nochmals ins Aberwitzige steigern. Ein Kilogramm Brot kostete Ende Oktober bereits 5,5 Milliarden, wenige Tage später schon 78 Milliarden Mark.

Die Inflation wurde im November 1923 durch die Einführung der Rentenmark und die Stilllegung der Notenpresse gestoppt. Nach der Rückkehr zum Goldstandard im Jahr 1924 konnte eine Billion Papiermark gegen eine Reichsmark eingetauscht werden. Die Preisstabilität war wieder hergestellt, doch das Trauma der Inflation ließ sich nicht so einfach abschütteln. Das Lohnniveau hinkte den Preisen noch viele Jahre hinterher.

Buchheim (2001), S. 141ff.; Landesarchiv Berlin, A Rep. 225, Nr. 266.

11 Expansion, Krise und Sanierung im „Dritten Reich"

Aschinger steigt zum Hotelgiganten auf

Als nach dem Inflationsjahr 1923 der Optimismus in die Vorstandsetage der Aschinger's AG zurückkehrte, erwarb der Konzern die Mehrheitsbeteiligung an der Berliner Hotelgesellschaft mit dem ältesten Berliner Grandhotel Kaiserhof am Wilhelmplatz und dem Hotel Baltic. Doch damit nicht genug: 1926 erfolgte der Einstieg in die Hotelbetriebs-AG, „dem bei weitem führenden Betreiber von Luxushotels und -gaststätten in Berlin. Die Aschinger's Aktien-Gesellschaft hatte dabei über das vermittelnde Bankhaus Gebr. Arnhold für etwa 15 Millionen Reichsmark rund 80 Prozent des Aktienkapitals erworben. Damit erlangte Aschinger Einfluss auf die

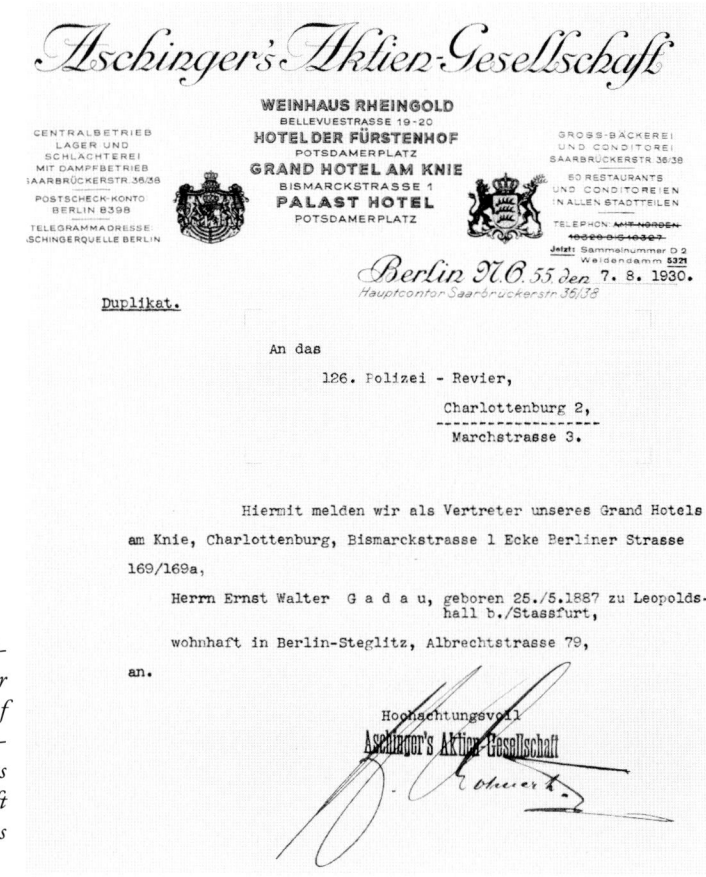

Briefkopf der „Aschinger's Aktien-Gesellschaft" aus dem Jahr 1930 mit dem Hinweis auf „50 Restaurants und Conditoreien in allen Stadtteilen". Das Schreiben trägt die Unterschrift von Generaldirektor Hans Lohnert.

ebenso angesehenen wie bekannten Hotels Bristol, Bellevue und Centralhotel sowie die in letzterem gelegenen Einrichtungen, darunter das Restaurant Zum Heidelberger und das Varieté Wintergarten. Ferner kamen die namhafte Konditorei Kranzler an der Ecke Unter den Linden/Friedrichstraße und das nicht weniger bekannte Café Bauer zur neuen Muttergesellschaft."[78]

Außer dem Hotel Adlon und vier weiteren Hotels der Luxusklasse waren die Berliner Grandhotels jetzt ganz in der Hand der Aschinger's AG, die damit „zum größten Hotel- und Gaststättenkonzern in Europa" aufstieg. Neben den eigenen, für das Massenpublikum gedachten Konditoreien gehörten zudem die feinen Häuser Kranzler und Bauer zu dem Unternehmen. Aschinger war ganz oben angekommen und hatte das nach der AG-Gründung verfolgte Konzept, in das gehobene Gaststätten- und Hotelgewerbe Berlins einzusteigen, konsequent umgesetzt. Neben Hans Lohnert war jetzt auch Fritz Aschinger, Sohn August Aschingers, im Vorstand für die Unternehmenspolitik verantwortlich. Fritz trat nach einer soliden kaufmännischen Ausbildung 1919 in das leitende Gremium ein.

Doch diese schier atemberaubende Expansion hatte ihren Preis: Das Unternehmen konnte die Zukäufe nur durch eine immer höhere Verschuldung finanzieren. Die Hypothekenbelastung der vielen eigenen Grundstücke wurde bis an die Grenze ausgereizt. Angesichts der starken Abhängigkeit des Hotel- und Gaststättengewerbes von der konjunkturellen Lage bedeutete dies ein sehr riskantes Spiel. Bei einem Umsatzeinbruch würden kaum Reserven bleiben, aus denen die hohen Zinsbelastungen bedient werden konnten. Das Aschinger-Imperium mit einem Jahresumsatz von weit über 30 Millionen Mark agierte auf sehr dünnem Eis.

Am Rande des Zusammenbruchs – Die Krise der 1930er Jahre

Die finanzielle Lage des Konzerns spitzte sich rasch zu. Ab Mitte 1930 wurde im Aufsichtsrat nicht mehr nur die bekannt schlechte Lage des Weinhauses Rheingold beklagt, sondern „der enorme Rückgang der Umsätze in allen Betrieben" aufgrund der schwierigen gesamtwirtschaftlichen Situation.[79] Zu Jahresbeginn 1931 ergab sich ein düsteres Bild: „Die Umsätze sind [1930] gegen das Vorjahr 1929 um 4 Millionen Mark zurückgegangen, dies ist eine Minderung um 12,4 Prozent, während die Löhne nur eine Minderung von 4,5 Prozent aufweisen."

Viel Geschrei um ein Omelette? – Eine schonungslose Wirtschaftsanalyse

Die Aschinger's AG besaß um das Jahr 1910 mit 30 Bierquellen, einem Dutzend Konditoreien, dem Weinhaus Rheingold, dem Grandhotel Fürstenhof und der zentralen Lebensmittelfabrik ein riesiges Imperium, das uns heute noch in Staunen versetzt. Eine Stadt von der Größe Kassels, so hieß es in einer Firmenbroschüre, hätte man mit Speisen und Getränken versorgen können. Die täglich verbrauchten Mengen an Fleisch, Mehl oder Gemüse sind beinahe unvorstellbar. Doch gerade diese Zahlen waren es, die den Wirtschaftsfachleuten nicht besonders gefielen. Was blieb „unter'm Strich" übrig von den gigantischen Umsätzen und der riesigen Maschinerie des Aschinger-Konzerns? Auf diese Frage fand ein Journalist unter dem Pseudonym „Adam Riese" im Mai 1909 eine schonungslose Antwort. Wir wollen darauf auch deshalb näher eingehen, weil Aschinger an diesem waghalsigen „Finanzierungskonzept" 20 Jahre später fast zerbrochen wäre. Oder sollten wir besser sagen: Weil Aschinger trotz dieser riskanten Geschäftspolitik alle bevorstehenden Krisen bis zum Ende des Zweiten Weltkrieges überstanden hat?

„Adam Riese" rechnete unter dem Titel „Tant de bruit pour une omelette!" (Viel Geschrei um ein Omelette) vor, dass die Aktiengesellschaft im Jahre 1908 bei einem Hypothekenkredit von 30 Millionen Mark auf die eigenen Grundstücke einen Dividenden-Gewinn von gerade einmal 240.000 Mark erwirtschaftet hatte. Dieses Ergebnis war „in Anbetracht des gewaltigen Apparates und Geräusches" sehr bescheiden. Doch das scheine die Unternehmensführung nicht zu kümmern, vielmehr wurde nach dem gleichen Schema immer mehr fremdes Geld investiert: „Ist irgendwo ein Grundstück zu haben, so errichtet sie einen ihrer Bauten darauf, nimmt Hypotheken auf diesen neuen Grundbesitz auf, wodurch sie wieder flüssige Mittel erhält, und dann muss der Betrieb daselbst soviel liefern, dass die Hypothekenzinsen gezahlt werden und noch ein kleiner Überschuss darüber hinaus erzielt wird. Bisher ist dieses Experiment immer noch geglückt, es kann aber auch einmal anders kommen, und dann sind die paar hunderttausend Mark, die sonst für die Dividende erübrigt werden, schnell aufgezehrt." Die „Anspannung des Kredits bis zur äußersten Grenze" werde sich dann rächen.

Der Wert eines Grundstückes kann in Krisenzeiten dramatisch fallen und hängt auch von der Art der Bebauung ab. Geradezu weitsichtig wählte Adam Riese das Beispiel des neu errichteten Weinhauses Rheingold, um zu zeigen, wie schwierig es sein kann, eine wertvolle Immobilie wieder „flüssig" zu machen: Dieses Problem „ist umso größer, je bedeutender die Objekte sind, um die es sich handelt. Wer soll denn etwa ein solches Grundstück wie das, auf dem sich das ‚Rheingold' befindet, erwerben, das doch zu nichts anderem in seiner jetzigen Bebauungsform brauchbar ist, als eben zum Restaurationsbetriebe? Wollte man es anderen Zwecken dienstbar machen, so müsste der ganze Bau, der Millionenbeträge verschlungen hat, erst vollkommen niedergerissen werden und auf mehrere Jahre hinaus wäre das Grundstück gänzlich unfähig, Erträgnisse zu liefern. Solchen Tatsachen gegenüber haben die rein theoretischen Erörterungen, was zur Zeit eine Quadratrute Terrain am Potsdamer Platz wert sei, eine nur sehr beschränkte praktische Bedeutung." Diesen schmerzlichen Unterschied zwischen Theorie und Praxis lernte die Aschinger-Gesellschaft zehn Jahre später kennen, als sie erfolglos versuchte, das Rheingold zu verkaufen.

Das Fazit ist niederschmetternd: „Überhaupt muss man es einmal klar aussprechen, dass die Aschinger-Gesellschaft in letzter Linie eigentlich nichts anderes ist als eine Grundstücksspekulationsgesellschaft, die auf den ihr gehörigen Terrains und in den ihr gehörigen Bauten zufälligerweise Brötchen und Bier verkauft, aber ebenso gut irgendwelche anderen Artikel dort zum Verkauf bringen könnte, ohne ihren Charakter zu ändern. Ihre Geschäftsergebnisse und ihre Gewinnresultate sind in erster Linie nicht von dem Gastwirts-Betriebe abhängig, sondern von den Grundstücks- und Geldmarktsverhältnissen."

Das mag 1909 noch eine überspitzte Kritik gewesen sein, aber nach dem Einstieg in das große Berliner Hotelgeschäft Mitte der 1920er Jahre hing das Wohl und Wehe der AG in der Tat immer weniger von den Umsätzen der Bierquellen und immer mehr von der Gunst der Banken ab.

„Beilage der ‚Standarte'" vom 17. Mai 1909, in: Landesarchiv Berlin, A Rep. 225, Nr. 646.

„Wenn in Berlin, dann auf alle Fälle auch in eine Aschinger-Quelle" steht auf der Rückseite dieser Postkarte. Abgebildet ist die große Bierquelle mit Konditorei am Spittelmarkt in den 1930er Jahren.

Und es sollte noch schlimmer kommen. Im Sommer 1931 verweigerten die Banken weitere Kredite und im Aufsichtsrat herrschte fast schon Verzweiflung: Es müsse „unter allen Umständen irgendein Weg gesucht oder gefunden werden, wenn die Betriebe nicht zum Erliegen kommen sollen."

Auch die Verhandlungen mit der Stadt wegen der Stundung von Steuerzahlungen und mit der Belegschaft, um eine Lohnkürzung zu erreichen, kamen nicht so recht voran. Im

Appetitlich und übersichtlich waren die Speisen in dieser Vitrine eines Aschinger-Lokals angeordnet. Auch um 1930 gab es noch belegte Brote für 10 Pfennige, aber nach unten wurde es teurer, wie die aufgeklebten Preise zeigen.

Expansion, Krise und Sanierung im „Dritten Reich" 115

Konditorei in der Friedrichstraße 96 (um 1936).

Wer könnte da widerstehen? Die adrette Wurstmamsell reicht Bierwurst mit Kartoffelsalat für 50 Pfennige (Abbildung aus der Olympia-Broschüre Aschingers 1936).

Zentralbetrieb wurde nur noch an fünf statt bisher sechs Tagen in der Woche gearbeitet. Ein „erheblicher Personalabbau" auf allen Ebenen schien unumgänglich. Einen ersten Lichtblick für die Konzernspitze brachten Ende 1931 die Lohn- und Gehaltskürzungen im Gastgewerbe um 8 Prozent. Doch die Lage der Hotels blieb katastrophal: „Der Geschäftsgang ist im allgemeinen noch sehr schlecht, insbesondere leiden die Hotels außerordentlich, da dort kaum eine Besetzung von 40 Prozent erreicht wird. Die Konditoreien lassen nach wie vor sehr zu wünschen übrig." 1933 brach der Umsatz gegenüber 1929 um 50 Prozent ein. Dagegen scheint der Verkauf der Aschinger-Brötchen und sonstigen Backwaren gut gelaufen zu sein, nachdem mehrere Backläden eröffnet worden waren.

Die 30. Bierquelle in der Friedrichstr. 97/Ecke Georgenstraße um 1936. Dieses Restaurant mit Tanzsaal lag sehr günstig direkt beim Bahnhof Friedrichstraße.

Eine Speisekarte aus dem Jahre 1929

In den Unterlagen des Landesarchivs Berlin befinden sich zahlreiche „Speisen-Karten" der Bierquellen und Restaurants, die uns zeigen, was die Berliner zu jener Zeit gerne gegessen bzw. getrunken haben und wie viel oder besser gesagt wie wenig sie dafür bei Aschinger bezahlen mussten. Schauen wir uns die Karte der 26. Bierquelle in der Königgrätzer Straße 129 vom Montag, 24. Juni 1929, einmal etwas genauer an.

Auffallend ist zunächst, dass es auch an einem gewöhnlichen Montag neben dem Standardprogramm eine Tageskarte mit besonderen Empfehlungen gab. An jenem 24. Juni 1929 hätten wir eine „Thüringer Rotwurst mit sauren Specklinsen" für 90 Pfennige, „Sahnegulasch mit Butternudeln" für 1,65 Mark oder „Hühnerleber mit Champignonsauce" für 1,85 Mark genießen können. Noch günstiger waren die berühmtesten aller Aschinger-Gerichte, nämlich die „Terrine Löffelerbsen mit Speck" und „Aschinger's Bierwurst mit Salat" für jeweils 50 Pfennige.

Die Karte ist ungewöhnlich vielseitig, was sicher daran liegt, dass es sich um eine große Bierquelle mit mehreren Räumen, Weinrestaurant und einem Tanzsaal handelte. Es gab allein fünf verschiedene Fischsorten von grünem Aal bis Zander und Merlan, vegetarische Gemüsegerichte, Omelettes, Aschinger-Schnitzel, Rostbraten, Ochsenbrust, Eisbein, Kalbs-, Wild- und Gänsebraten. Die Preise

Expansion, Krise und Sanierung im „Dritten Reich" 117

Zu den Bierquellen und Konditoreien kamen später Bäckereiverkaufsstellen hinzu, wie hier am Kottbusser Damm 33 (Kreuzberg) Mitte der 1930er Jahre. Neben Brot und Zwieback gab es süße Stücke aus der eigenen Konditorei.

für die Fleisch- und Fischgerichte lagen zwischen 1,50 und 2 Mark. Nur für die junge Gans mit Gurkensalat musste man 3 Mark aufbringen. Beim Dessert bestand die Auswahl zwischen Fürst-Pückler-Eis, Roter Grütze oder frischen Erdbeeren mit Sahne. Die Tasse Kaffee kostete 25 Pfennige. „Preise wie 1892" hätte über der kalten Karte stehen können. Denn wie damals gab es belegte Brötchen ab 10 Pfennigen. Heringe aller Art – Rollmops, Brat- oder Bismarckheringe – waren für 30 bis 40 Pfennige zu haben, Mayonnaise mit Fisch oder Krabben ab 60 Pfennigen. Soviel kosteten auch der schon immer beliebte „Hackepeter mit Brötchen", der Italienische Salat sowie verschiedene Sorten Käse mit Butter.

Fünf der bekanntesten Biere standen zur Auswahl: Berliner Kindl und Schultheiß zu 10 Pfennigen das kleine Glas, Münchner, Kulmbacher und Original-Pilsner ab 25 Pfennigen. Im Restaurant kostete der offene Wein pro Glas 60 Pfennige, eine Flasche Mosel-, Rhein- oder Bordeauxwein war je nach Qualität für 3 bis 5 Mark zu haben. Als „Frühstücksweine" waren Portwein, Sherry und Madeira tituliert.

Die Gäste sollten nicht nur durch das reiche Speisen- und Getränkeangebot bei günstigen Preisen, sondern auch durch Tanzmusik angelockt werden, die täglich ab 6 Uhr abends im ersten Stock gespielt wurde. Die leidige Trinkgeldfrage war ebenfalls bestens geregelt: „Auf sämtliche Preise wird ein Zuschlag von 10% erhoben, der restlos der Bedienung zufällt."

Ein Gutachten rüttelt das Unternehmen wach

Offenbar auf Druck der Gläubigerbanken wurde die Rentabilität des Konzerns 1932/33 durch den Gutachter Dr. Wilhelm Voß gründlich unter die Lupe genommen. Was der Wirtschaftsprüfer an den Aufsichtsrat und Vorstand im März 1933 berichtet[80], ist im Ton höflich, in der Sache jedoch geradezu verheerend für die Leitung des Konzerns und namentlich für Generaldirektor Hans Lohnert. Es werde nach „veralteten Gesichtspunkten" verwaltet und das gesamte Unternehmen stehe unter der persönlichen Kontrolle Lohnerts. Bei einem so komplexen Betrieb sei dies weder möglich noch effektiv.

Schon die Einleitung lässt Schlimmes ahnen: „Grundlegende Mängel in der Organisation des Unternehmens" hätten es unmöglich gemacht, „ein genaues Bild über die Wirtschaftlichkeit der einzelnen Aschinger-Betriebe" zu gewinnen. Die „Buchhaltung der AG gibt nämlich keinen genauen Aufschluss über den wirtschaftlichen Erfolg der einzelnen Abteilungen", Produktionsstatistiken seien nicht geführt worden. Aus der Mängelliste des Gutachtens wollen wir nur zwei besonders gravierende Beispiele herausgreifen: den Einkauf und den Fuhrpark.

Dass der Einkauf von strategischer Bedeutung für die AG war, liegt angesichts der riesigen Mengen, die täglich in der Zentrale verarbeitet wurden, auf der Hand. Die Rentabilität des gesamten Unternehmens hing nicht zuletzt von den Preisen für die benötigten Rohprodukte ab. Umso mehr wunderte sich Dr. Voß, dass über die Auswahl der Lieferanten ebenfalls die Generaldirektion entschied, ohne vorher systematisch Vergleichsangebote eingeholt zu haben. Ein planmäßig arbeitendes, zentrales Einkaufsbüro sei unerlässlich.

Der Fuhrpark verursachte jährlich Kosten von über 400.000 Reichsmark, „eine Summe, die auch dem Laien auf den ersten Blick außerordentlich hoch erscheinen muss," so das Gutachten. Die blau-weiß gestreiften Aschinger-Lastwagen waren den ganzen Tag in Berlin unterwegs, um die Bierquellen, Konditoreien und Hotels mit den frischen Lebensmitteln des Zentralbetriebes zu versorgen. Doch der Transport lief völlig unkoordiniert ab, denn „jede Abteilung hat ihre eigenen Fahrzeuge, die nur Erzeugnisse der eigenen Abteilung zur Beförderung bekommen. Auf diese Weise fahren bei einer Bierquelle bis zu 16 Fahrzeuge an einem Tag vor – ein zweifellos bedenkliches Verfahren."

Auch wenn das Jahr 1932 wegen der Wirtschaftskrise nicht repräsentativ ist, so lässt der Gutachter doch keinen Zweifel, dass die drei Millionen Reichsmark Verlust bei einem Umsatz von 16 Millionen auch auf die beschriebenen Mängel zurückzuführen sind. Nur durch die „Einführung einer wesentlich strafferen Organisation, klarer Abgrenzung der Verantwortlichkeit der einzelnen Stellen, durch Schaffung verschiedener Kontrollmöglichkeiten und schließlich mit der Einrichtung einer modernen Betriebsbuchhaltung und Statistik [sind] weitgehende Verbesserungsmöglichkeiten für das Unternehmen gegeben." Dr. Voß versäumte auch nicht den Hinweis, dass sich die Gläubiger ansonsten kaum von der Zukunft der Aktiengesellschaft überzeugen lassen würden.

Das Gutachten und die damit verbundenen Warnungen haben rasch gewirkt. Zunächst brachte der von den Banken eingesetzte Vorstand Paul Spethmann neuen Schwung in den Konzern. Nach der „Machtergreifung" durch die NSDAP setzte das Unternehmen außer-

Expansion, Krise und Sanierung im „Dritten Reich" 119

Die Aschinger-Bierquelle mit Konditorei am Moritzplatz, die wir schon aus einer früheren Abbildung kennen. Jetzt ist noch ein Konzertsaal hinzugekommen: „allabendlich Musik, Humor, Gesang".

Eines der kleineren Aschinger-Lokale: die 29. Bierquelle in der Invalidenstraße 123 beim Hotel Stettiner Bahnhof in den 1930er Jahren. Der Eiswagen links sorgt für Nachschub.

dem auf das neue System und handelte unter anderem Kontrakte zur Belieferung von Parteiveranstaltungen wie den Parteitagen in Nürnberg aus. Hans Lohnert, der nach dem vernichtenden Gutachten vom Vorstand in den Aufsichtsrat der AG wechseln musste, war überzeugter Anhänger des neuen Systems und nutzte seine guten Kontakte auch weiterhin für das Unternehmen.[81] Neben Fritz Aschinger und Paul Spethmann gehörte noch ein strammer NSDAP-Mann dem Vorstand an, wie wir aus den Aufzeichnungen des damaligen Werbeleiters Harry Damrow erfahren.

Schon im Juni 1934 berichtete Fritz Aschinger an Bankdirektor Carl Harter von der Commerzbank, „die Gesellschaft böte gegenüber der Prüfung vom Vorjahr ein ganz anderes Bild. Man sehe, es würde planvoll gearbeitet, und die getroffenen Maßnahmen berechtigten durchaus zu der Hoffnung auf die angestrebte Umsatz-Erhöhung."[82]

Das war zweifellos in erster Linie das Verdienst des bewährten Sanierers Paul Spethmann, der organisatorische Veränderungen vornahm und zahlreiche Lokale im Hinblick auf die Olympiade modernisieren ließ. Noch wichtiger war jedoch die Einigung mit den Gläubigerbanken. Der Sanierungsplan von 1935 sah vor, dass die Aschinger's AG ihre Anteile an der Hotelbetriebs-AG im Nennwert von 15 Millionen Mark an die Banken abgab. Damit war ein verlustreiches „Unglücksgeschäft", wie Spethmann dieses Engagement in der Hotelbranche selbst nannte, für Aschinger abgeschlossen und die schwerste Krise in der 40-jährigen Unternehmensgeschichte überstanden. Die verbliebenen Bankschulden von fünf Millionen Mark belasteten als Hypothek den Fürstenhof, der als Juwel natürlich weiterhin im Besitz der AG verblieb.

Bierwürste sollten „gestreckt" werden

Mit einem Vorschlag zur Kosteneinsparung traf das an sich vernünftige Gutachten von 1933 den Nerv des Aschinger-Imperiums und bestätigte gleichzeitig den hohen Qualitätsanspruch bei der Zubereitung der Speisen. Gutachter Dr. Voß schlug allen Ernstes vor, die berühmten Bierwürste durch Beimischung von Speckschwarten zu strecken und damit zu verbilligen:

„Die AG hat bisher nach dem Grundsatz gearbeitet, von allem nur das Allerbeste zu kaufen und zu liefern. So wird nur das erstklassigste Fleisch eingekauft, und auch in der Wurstfabrikation sind die Rezepte so gehalten, dass in allen Fällen die Qualität der einzelnen Wurstsorten im Vergleich mit dem entsprechenden Fabrikat der Konkurrenz hochwertiger ist."

Gerade bei der Wurstfabrikation könne jedoch manches geändert werden, ohne dass der Ruf der Firma leiden würde. „Ich konnte mich selbst davon überzeugen, dass z.B. der Standardartikel der AG, die Bierwürstchen, bei einer Beimischung von 12% Schwartekuchen anstatt puren Fleisches im Geschmack und Aussehen keinen Unterschied mit der bisher hergestellten Sorte aufweisen." Dadurch könnten jährlich 75.000 Reichsmark eingespart werden!

Aber „bisher sind derartige Versuche von der Direktion prinzipiell abgelehnt worden", fügte der Gutachter fast schon resignierend hinzu. Wir dagegen stellen uns in dieser Frage ganz hinter die „altmodische" Unternehmensphilosophie, immer nur die „beste Qualität bei günstigstem Preis" anbieten zu wollen.

„Konsolidierung durch Arisierung" – Die Übernahme von M. Kempinski & Co.

Mit dieser Überschrift hat Michael Klein in seiner Einleitung zum Aschinger-Bestand im Landesarchiv Berlin ein düsteres Kapitel der Unternehmensgeschichte treffend beschrieben. Durch die Repressalien und Boykottaufrufe der Nationalsozialisten gegen jüdische Unternehmen, die nach der prestigeträchtigen Olympiade 1936 deutlich zunahmen, wurde auch einer der renommiertesten Gastronomiebetriebe Berlins stark geschwächt: M. Kempinski & Co.

Die Grundlage für das spätere Imperium hatten Berthold und Helene Kempinski mit dem 1889 eröffneten Weinhaus in der Leipziger Straße 25 gelegt. Für den neuen Mittelstand Berlins gab es in luxuriösem Ambiente Austern, Kaviar und Fischgerichte aller Art zum Einheitspreis. 2.500 Besucher hatten hier nach mehreren Erweiterungen Platz. Die angebotenen halben Portionen konnten sich auch „kleinere Leute" leisten.[83] Das zweite Standbein war der deutschlandweite, später auch internationale Weinhandel.

Nach dem Tod des Firmengründers 1910 expandierte Kempinski unter der Leitung von Schwiegersohn Richard Unger und dessen Familie weiter. In den 1920er Jahren waren Delikatessengeschäfte und das für den Massenkonsum gedachte Haus Vaterland am Potsdamer Platz hinzugekommen. Hier war die Küche – in den verschiedenen Räumen gab es

Blick in das voll besetzte Bierhaus Siechen am Potsdamer Platz (Olympia-Broschüre 1936).

„VATERLAND" Deutsches Kaffeehaus. Potsdamer Platz, Berlin

internationale Spezialitäten – zwar deutlich bescheidener als im Weinrestaurant, aber das Konzept kam bei den Berlinern und den Touristen sehr gut an.

Angesichts der politischen Situation und der offenen Diskriminierung der Juden war es für „arische" Unternehmen im Dritten Reich ein Leichtes, Übernahmeverhandlungen mit jüdischen Firmen zu führen. Deren Inhaber wussten, dass sie Deutschland so schnell wie möglich verlassen mussten. In dieser Situation schloss Aschinger-Vorstand Spethmann im April 1937 eine Vereinbarung zur Übernahme der Kempinski-Gesellschaft.

Das Haus Vaterland am Potsdamer Platz kam mit der „Arisierung" Kempinskis 1937 ebenfalls zum Aschinger-Konzern.

Nach dem Krieg ging es im Zusammenhang mit Ansprüchen der ehemaligen Eigentümerfamilie Unger um die Frage, ob dieser Kontrakt formal korrekt zwischen zwei gleichberechtigten Geschäftspartnern abgeschlossen worden war, worauf Aschinger stets insistierte. Dass Kempinski unter hohem persönlichen Druck hatte verhandeln müssen und der Aschinger-Konzern dadurch überhaupt erst die Chance bekommen hatte, einen bedeutenden Konkurrenten zu schlucken, steht jedoch außer Frage.[84]

Durch diesen Kontrakt gehörten zu Aschinger nicht nur das riesige Weinhaus in der Leipziger Straße, sondern auch das umsatzstarke Haus Vaterland. Für den Konzern war dies ein klarer Erfolg: „Aschinger konnte durch die Übernahme Kempinskis seine mit dem Verkauf der Hotelbetriebs-AG eingeleitete Konsolidierung erfolgreich abschließen und bereits ein Jahr nach der ‚Arisierung' erstmals seit langem einen ausgeglichenen Jahresabschluss vorlegen."[85] Die Umsatzzahlen des Konzerns stiegen von 31 Millionen Mark 1937 auf 41 Millionen Mark im folgenden Jahr sprunghaft an und erreichten 1943 über 50 Millionen Mark. Die Belieferung der Kempinski-Restaurants hatte natürlich auch positiven Einfluss auf die Auslastung des Zentralbetriebes. 1941 kam noch das renommierte Weinhaus F. W. Borchardt in der Französischen Straße in den Besitz Aschingers.

„Wo ist Onkel Otto?" – Werbekampagnen der 1930er Jahre

Anfang der 1930er Jahre trat Harry Damrow als junger Angestellter in das Unternehmen ein und stieg rasch zum Werbeleiter auf. Aus seiner weitgehend unbekannten Autobiographie erfahren wir viel über die Werbekampagnen und -strategien jener Zeit, aber auch interessante Details aus der Firmenhierarchie. So wird Fritz Aschinger, Hauptaktionär und Vorstandsmitglied, als gutmütig, aber wenig entscheidungsfreudig beschrieben. Dem tatkräftigen Vorstandskollegen Paul Spethmann konnte der Sohn des Firmengründers August Aschinger offenbar nur wenig entgegensetzen. Spethmann wird dagegen als kühler Wirtschaftsfachmann und zielstrebiger Sanierer ohne politische Ambitionen geschildert.[86]

Damrow hatte pfiffige Ideen, um Aschinger in Berlin noch bekannter zu machen. So erfand er die Figur des „Onkel Otto", der in verschiedenen Situationen – als Fußballtorwart, Schachpartner oder Stadtbahnführer – einfach seinen Platz verlassen hatte. Auf die Frage „Wo ist Onkel Otto?" kam immer die Antwort: „Er ißt bei Aschinger!" Die Karikaturen waren stets von dem Rautenmuster als Wahrzeichen der Bierquellen umrahmt. „Wohl nie ist eine Anzeigenreihe in Berlin schneller volkstümlich geworden", erinnert sich Damrow.[87] Einmal bekannt, durchzog „Onkel Otto" alle Werbeanzeigen der Bierquellen bis in die Kriegsjahre. Die Figur wurde zum Sympathieträger für das Unternehmen.

Damrow entwickelte auch das „Aschinger-Programm", ein monatlich erscheinendes Heft, das in allen Bierquellen, Konditoreien und Bäckereien auslag. Die Programme sollten durch Kreuzworträtsel, Schallplattenbesprechungen, Kinotipps und allerhand kurzweilige Geschichten allgemeine Aufmerksamkeit erwecken. Der Werbeeffekt für Aschinger ergab sich eher beiläufig: durch die weitere Verbreitung des Namens, die eingestreuten Onkel-Otto-Geschichten oder Berichte zur Geschichte des Konzerns. Die Zeitschrift wurde auch dazu genutzt, aktuelle

„Wo ist Onkel Otto – Er ißt bei Aschinger". Diese erfolgreiche Kampagne hat Werbeleiter Harry Damrow in den 1930er Jahren erfunden.

Kampagnen zu unterstützen, beispielsweise die „Fröhlichen Fischwochen" oder „Frühstücken bei Aschinger" für 52 Pfennige.

Natürlich wurden die Kontakte zur Partei genutzt, um den Umsatz zu steigern oder Häuser wie das chronisch defizitäre Rheingold besser auszulasten. Besonders gut gelang dies durch die Beziehungen zur NS-Bewegung „Kraft durch Freude" (KdF): Während viele städtische Arbeiter und Angestellte zum Urlaub in die Berge oder ans Meer geschickt wurden, organisierte KdF für die Landbevölkerung Berlinfahrten. Ganze Sonderzüge kamen in die Reichshauptstadt und häufig stand die Einkehr in einer Bierquelle oder im Weinhaus Rheingold auf dem Programm. Aschinger bedankte sich mit Sonderpreisen und der einen oder anderen Vergünstigung für die Funktionäre.

Besonders gefordert war der Werbeleiter im Vorfeld der Olympischen Spiele 1936, von denen sich die gesamte Gastronomie der Hauptstadt erheblichen Zulauf und das NS-Regime internationale Aufwertung versprach. Harry Damrow ist zur Olympiade ein kleiner Reiseführer mit dem Titel „Was ist los in Berlin?" eingefallen. Nach Schilderung der bekanntesten Sehenswürdigkeiten, der neuen Sportstätten und der riesigen, von Aschinger bewirtschafteten Deutschlandhalle wurden rasch die Fragen „Was ißt Berlin? – Wo ißt Berlin?" gestellt und damit war der Reiseführer ohne Umwege bei den Bierquellen angelangt:

„Die Aschinger-Bierquellen mit ihren weiß-blauen Glasschildern sind typisch für Berlin. Hier ißt der kritische Berliner, der für wenig Geld ein Höchstmaß an Leistungen verlangt. Hier ist die Heimat der Aschinger-Bierwurst und der Löffelerbsen mit Einlage. Über 100.000 essen und trinken täglich in den Aschinger-Quellen."[88] Drei Millionen belegte Brötchen wurden monatlich verzehrt und über 4.000 Hektoliter Bier getrunken. Der Reiseführer rechnet auch vor, dass die pro Jahr verkauften zehn Millionen Aschinger-Bierwürste und Wiener Würstchen aneinander gereiht die Strecke Berlin-Paris ergeben würden. Diese Zahlen mussten den Leser ebenso beeindrucken wie die riesigen Fleischmengen, die „den Jahresbedarf einer Stadt von der Größe Kassels hinreichend decken" könnten, die 15.000 Zentner Kartoffelsalat oder die 3,5 Millionen verarbeiteten Eier.

Bei Aschinger sind alle Gäste gleich. Auch diese Botschaft wurde dem Reisenden mit auf den Weg gegeben: „Bei Aschinger gibt es keine Klassenunterschiede. Und bei Aschinger hat es noch nie welche gegeben. Hier stand schon vor dem Krieg der Geschäftsmann neben dem Angestellten, der Student neben dem Soldaten, die Verkäuferin neben dem Handwerker. Und so ist es auch heute: Wer sich eine Stunde lang in einer großen Aschinger-Quelle aufhält, etwa am Potsdamer Platz oder am Bahnhof Friedrichstraße, wer das beständige Kommen

Silvester im Fürstenhof

Silvesterfeiern im Hotel „Fürstenhof" am Potsdamer Platz waren in den 20er Jahren ein bedeutendes Ereignis für die Gesellschaft, das mit 2.000 Einladungen, gedruckter Menü- und Weinkarte, Musikprogramm und aufwändiger Dekoration sorgfältig vorbereitet worden ist. Stammgäste des Hotels und Geschäftsfreunde nahmen daran teil. Die Unternehmenszentrale ließ sich von der Hotelleitung jedes Jahr einen schriftlichen Bericht über den Festablauf vorlegen.
Die Feier des Jahres 1929 „war in ihrer Art die fideleste in den letzten 6 Jahren", wie das Hotel erleichtert schrieb. Das könnte an den 120 Flaschen Wein und 195 Flaschen Sekt bzw. Champagner gelegen haben, die von den 210 Gästen nebst reichlich Bier getrunken worden sind. Auch das 7-Gänge-Menü würden wir aus heutiger Sicht als recht üppig bezeichnen. Für 18 Reichsmark gab es Gänseleberpastete in der Kruste, Kraftbrühe, Seezungenschnitte mit gebackenen Austern, Hamburger Küken, Fürstenhof-Salat, Artischockenböden mit grünen Spargelspitzen, die Silvester-Eisbombe mit Fein-Gebäck und dann noch einen Nachtisch! „Die Küche wurde sehr gelobt", heißt es in dem Bericht weiter.
Zur guten Stimmung trugen die Ballons und Papierschlangen auf den Tischen ebenso bei wie die verkauften „Scherzartikel". Pünktlich um Mitternacht wurde das Licht gelöscht, ein Choral gesungen und das Bengalische Feuer abgebrannt. Es folgte die „Rundführung von Glücksferkeln durch das Restaurant", bevor es die Gäste auf die Tanzfläche oder an das kalte Buffet drängte. Viele von ihnen schienen schon wieder hungrig zu sein, denn bei den belegten Brötchen kam es zu Engpässen. Doch dies war der einzige kleine Mangel dieser festlichen Nacht, die früh morgens um 7 Uhr endete.
Nicht ganz so erfreulich ist die Silvesterfeier des Jahres 1924 verlaufen. Schon im Vorfeld hatten viele Stammgäste abgesagt, häufig mit der Begründung, das Menü sei zu teuer. Was ihnen dadurch entgangen war, können wir der Speisenfolge entnehmen: „Beluga-Kaviar mit Toast und Butter – Doppelte Kraftbrühe in Tassen – Seezungenfilet mit frischen Champignons – Rinderlendenschnitte mit Gänseleber und Trüffeln – Brüsseler Poularde, Salat Fürstenhof – Braunschweiger Stangenspargel mit Holl. Tunke – Silvester-Bombe mit feinem Gebäck – Nachtisch". Schon nach der Poularde, so steht es in dem Bericht, waren viele Gäste „erschöpft", was sich leider auch auf den Weinkonsum negativ ausgewirkt habe.

Landesarchiv Berlin, A Rep. 225, Nr. 1156.

und Gehen sieht und dabei alle Schichten der Berliner Bevölkerung beobachten kann – der hat vom wirklichen Berliner und vom wirklichen Berlin mehr Ahnung, als wenn er ganze Reiseführer durchstudierte." – Die Einkehr bei Aschinger war also für jeden Berlin-Besucher Pflicht.

Wie zu erwarten gewesen war, führte die Olympiade zu einer erheblichen Umsatzsteigerung in den Aschinger-Betrieben. Lagen die durchschnittlichen Monatsumsätze des Jahres 1936 bei ca. 1,7 Millionen Reichsmark, so verdoppelte sich die Zahl im Olympiamonat August auf 3,5 Millionen.[89] Die zusätzlichen Gäste sorgten dafür, dass 1936 mit einem Gesamtumsatz von 22 Millionen Reichsmark nach den Jahren der Krise und Konsolidierung erstmals wieder das Niveau von 1931 erreicht wurde.

In den Kriegsjahren hatte auch „Onkel Otto" neue Aufgaben. Da viele Mitarbeiter eingezogen wurden, kam es zu Personalknappheit in den Bierquellen und Restaurants und damit zu Wartezeiten. Onkel Otto bat die Gäste in einer Anzeigenserie um Verständnis. Sie sollten ihre Lebensmittelmarken abgezählt bereithalten, um dem Kellner die Arbeit zu erleichtern – und sich schon einmal ein zweites Gericht überlegen, falls das Lieblingsessen aufgrund der Rationierungen ausgegangen sein sollte. So lustig klang das allerdings nur in der Werbung und schon bald sollte das bittere Ende folgen.

12 Das Ende

Aschinger im Zeichen des Krieges – Ein Pressetermin im Jahr 1944

Im Sommer 1944 hat Direktor Paul Spethmann nochmals mehrere Wirtschaftsjournalisten zu einem denkwürdigen Besichtigungstermin in den Zentralbetrieb eingeladen. Es war vermutlich die letzte öffentlichkeitswirksame Führung durch das Herzstück des Konzerns, denn die Folgen der alliierten Bombenangriffe und der Mangelwirtschaft waren längst überall spürbar. Noch einmal berichteten die Zeitungen in Berlin und im Reich über das berühmte Unternehmen, das sich jetzt ganz in den Dienst der „Kriegswirtschaft" gestellt hatte.

Ein Jahr zuvor ließ der Konzern eine Broschüre drucken, in der natürlich nichts von den kriegsbedingten Problemen zu lesen war.[90] Vermutlich hatte man 1943 mit dieser Schrift den Eindruck vermitteln wollen, dass alles weitgehend normal weiterlief, und schilderte die technische Ausstattung der Zentrale und weitgehende Automatisierung der Produktion, die seit jeher Staunen auslösten. Etwa die im 5. Stock untergebrachte Kartoffelwasch- und Sortiermaschine mit einer Kapazität von 250 Zentnern pro Tag. In der Wäscherei im 4. Stock gab es zehn riesige Trommeln für insgesamt 800 Kilogramm Wäsche, „amerikanische Bügelpressen" und 15 elektrische Nähmaschinen. Ein Stockwerk tiefer lagen die Gemüse- und Kartoffelküchen, ausgestattet mit verschiedenen Schäl- und Schnitzelmaschinen, ebenso wie die Geflügel- und Fischküchen und die „Dauerwurst-Fabrikation". Die Kochwürste wurden im 2. Stock hergestellt. Die angegebene Stundenleistung von unglaublichen 200 Zentnern Fleisch hatte beim Druck der Broschüre angesichts des Fleischmangels nur noch theoretische Bedeutung. Die kalte Aschinger-Küche, die diversen Salate und belegten Brote, wurden ebenfalls in der 2. Etage zubereitet, während der 1. Stock ausschließlich der Vorratshaltung diente. Im Erdgeschoss schließlich befanden sich die „weitläufigen Räumlichkeiten der Schlächterei".

Ähnlich gigantische Ausmaße konnte die Bäckerei-Zentrale vorweisen. Die Mehlsieb- und Mischmaschinen verarbeiteten pro Stunde bis zu 50 Sack Mehl. Das Abwiegen, Kneten, Teilen und Formen des Teiges lief ebenso vollautomatisch wie der Einschub der berühmten Aschinger-Brötchen in die beiden gigantischen Öfen – bis zu 14.000 Stück pro Stunde. Der Stolz der Bäckerei war jedoch ein „riesiger Mammutofen von 36 Metern Länge, der als Roggenbrotofen hier zum ersten Mal auf der Welt aufgestellt worden ist", wie es in der Broschüre vollmundig hieß.

Doch Mitte 1944 hatte sich die Lage dramatisch verschlechtert. Aus dem Bericht von Paul Spethmann wird deutlich, wie schwierig die Aufrechterhaltung des täglichen Betriebes zwischen Luftangriffen, Strom- und Gasausfällen, Lebensmittelrationierung und Beschlagnahmung verschiedener Häuser durch die Wehrmacht war.[91]

Der Vorstand informierte die Pressevertreter zunächst darüber, dass „nach den Verlusten durch Bombenterror" in ganz Berlin noch 14 Bierquellen, 9 Konditoreien, 17 Bäckereiverkaufsstellen, das Hotel Fürstenhof und verschiedene gepachtete Lokale, darunter auch die Ufa-Kantine in Babelsberg, in Betrieb seien. 9 Bierquellen und 5 Konditoreien waren bereits zerstört, der Gesamtverlust belief sich Mitte 1944 auf 5 Millionen Reichsmark. Die „Tochtergesellschaft" Borchardt/Kempinski hatte noch verschiedene Weinlokale und Delikatessengeschäfte geöffnet, während das Hotel Marquardt hauptsächlich Lazarettzwecken diente. Von der Beschlagnahme durch die Wehrmacht waren weitere Hotels betroffen. So auch der Fürstenhof, dessen Leitung angesichts anhaltender Gästenachfrage über die mangelnde Bettenkapazität klagte.

Not machte erfinderisch: Das von Bomben getroffene Haus Vaterland am Potsdamer Platz wurde teilweise weiter betrieben und erreichte mit dem neu eingeführten „Wehrmachtskabarett" fast wieder die alten Umsatzzahlen. Die „Gefolgschaften", wie die Betriebsangehörigen im „Dritten Reich" hießen, haben die Bierquellen in der Joachimsthaler Straße und in der Friedrichstraße/Ecke Kronenstraße „buchstäblich in Ruinen" weitergeführt. Auch in der Zentrale tüftelte man wie eh und je an technischen Verbesserungen. So ermöglichte eine neue Anlage die Wiedergewinnung von Fett aus dem Küchenabwasser.

Aber eines der wichtigsten Prinzipien aus besseren Tagen konnte Aschinger nicht mehr aufrecht erhalten – die Sauberkeit: Die früher „blitzsauberen" Zentralbetriebe seien laut Spethmann durch das knappe, überwiegend ausländische Personal und die Kriegsschäden stark beeinträchtigt worden. Mit dem „ausländischen Personal" waren Zwangsarbeiter gemeint, die Aschinger ebenso wie andere Unternehmen in großer Zahl einsetzte.[92] Das Stammpersonal des Gesamtkonzerns umfasste zu dieser Zeit nur noch 3.500 „Gefolgschaftsangehörige", während vor dem Krieg 4.800 Menschen für Aschinger gearbeitet hatten.

Es herrschte allgemeine Mangelwirtschaft. Die meisten Fahrzeuge und Pferde des Fuhrparks hatte die Wehrmacht schon längst beschlagnahmt, es gab kaum Treibstoff. Ende 1944 war man schon zufrieden, 30 Pferde „aus dem Osten" zu bekommen, die trotz ihres schlechten körperlichen Zustandes nach und nach für den Transport eingesetzt werden sollten. Das grobe „Kriegswaschmittel", um nur ein Beispiel zu nennen, war so schlecht, dass die betriebseigene Wäscherei über den raschen Verschleiß der Tischdecken aus den Gaststätten und der Bettwäsche aus den Hotels klagte. Für Neuanschaffungen gab es kein Geld. Die allgemeine Notlage der Bevölkerung hatte für Aschinger aber noch eine weitere unangenehme Folge: Es „wird in erschreckendem Umfange gestohlen, besonders in den Geschäften an Bahnhöfen."

Im letzten Kriegsjahr fehlte es an den elementarsten Lebensmitteln wie Milch, Fleisch oder tierischen Fetten. Schon lange verwendete die Zentralküche Margarine statt Butter, was nach Aussage der Konzernleitung vor dem Krieg undenkbar gewesen wäre. Der Vorstand hielt sich zugute, bereits vor Jahren eine erfolgreiche Kampagne zur Erhöhung des Fischverzehrs gestartet zu haben. Das führte zu erheblichen Steigerungszahlen bei den Fisch- und Muschelgerichten und konnte den Fleischmangel wenigstens ein Stück weit auffangen. Solche und andere Initiativen „werden uns noch heute vom Reichsnährstand und seinen Unterstellen hoch angerechnet," wie Paul Spethmann der Presse stolz verkündete.

Trotz aller Probleme, so versicherte der Vorstand beim abschließenden Imbiss im Weinkeller, will Aschinger seine „Aufgaben in der Berliner Ernährungswirtschaft [...] auch unter den schwierigsten Umständen" erfüllen. Diese Parolen griff die nationalsozialistische Presse gerne auf. Für das Hamburger Fremdenblatt vom 4.8.1944 zeigten die Einblicke in den Aschinger-Betrieb, „wie bedeutungsvoll die Aufgaben der Gastronomie im Krieg sind und mit wie großen Erfolgen und wie verantwortungsbewusst sie sich in die Kriegsaufgaben eingeschaltet haben."[93] Die Zeitung „Der Angriff" schilderte am gleichen Tag den Substanzverlust der Aschinger-Betriebe, da Wäsche, Geschirr und Mobiliar nicht mehr erneuert werden konnten. Der ganze Einsatz des Konzerns gelte jetzt der Volksernährung: „Das Gaststättengewerbe steht, so sehr es auch privatwirtschaftlich aufgezogen und betrieben wird, derzeit voll im Dienste der ausreichenden Verpflegung der arbeitenden Volksgenossen." Die Gaststätten, so stellte zwei Tage später die Rheinisch-Westphälische Zeitung fest, dienten nicht mehr wie früher der Geselligkeit oder dem Vergnügen, sondern sind „unter den immer stärker werdenden Einwirkungen des Krieges fast restlos zu einem reinen Versorgungsunternehmen geworden, dessen Einsatz kriegswichtig und unentbehrlich ist." Allseits gelobt wurde die – notgedrungene – Umstellung von Fleisch- auf Fisch- und vor allem Gemüsegerichte. Betriebswirtschaftlich war das allerdings von Nachteil, denn „ein Schnitzel ist einfacher zubereitet als ein Gemüsegericht", erklärte das Hamburger Fremdenblatt seinen Lesern. Für die Rheinisch-Westphälische Zeitung waren die Anstrengungen Aschingers geradezu vorbildlich: Das Gaststättengewerbe „macht keine Gewinne, lebt von der Substanz und steht im Dienste der Allgemeinheit. Seine Leistungen sind Kriegsanstrengungen und verdienen alle Anerkennung."

Um das zu belegen, gingen die Zeitungen recht offen mit der veränderten Ernährungslage um: „Im Frieden verbrauchte dieser Konzern über 2 Millionen Kilogramm Fleisch, im Jahre 1942 waren es nur noch 270.000 Kilogramm", dagegen hat sich der Gemüseverbrauch von 950.000 auf 2,1 Millionen Kilogramm erhöht, beim Fisch vervierfachte sich der Jahresverbrauch auf eine Million Kilogramm. „Von der Bierwurst zum Gemüsetopf" titelte ein anderes Blatt, um zu zeigen, „welche gewaltigen Umschichtungen durch die [...] Einführung der Lebensmittelmarken in der Gastronomie stattgefunden haben". Fisch statt Fleisch, Margarine statt Butter – das Leben ging also auch in Kriegszeiten dank verantwortungsbewusster Betriebe wie Aschinger weiter, sollte der Bevölkerung suggeriert werden. Dazu passte auch die gern kolportierte Geschichte des zerbombten Hauses Vaterland, das nach kurzer Zeit wieder eröffnet wurde und mit dem „Wehrmachtskabarett" erfolgreich war. Doch Ende 1944 musste auch dieses Ersatzprogramm eingestellt werden.

Im „Schutthaufen" Berlin versinkt auch der Aschinger-Konzern

Berlin am 2. Mai 1945: Die noch verbliebenen deutschen Truppen kapitulierten vor der Roten Armee, wenige Tage später war der Zweite Weltkrieg zu Ende. Die einst glanzvolle Weltstadt glich einem „Schutthaufen", wie es Bertolt Brecht nach seiner Rückkehr aus den USA formulierte. Jedes dritte Wohnhaus wurde durch die Bombenangriffe der letzten beiden Kriegsjahre zerstört; in der Innenstadt war das Bild noch verheerender. In der Friedrichstraße, am Alexanderplatz oder Potsdamer Platz blieb kaum ein Gebäude unbeschädigt. 50.000 Menschen kamen durch die Luftangriffe auf die Hauptstadt des nationalsozialistischen Deutschland ums Leben.[94]

Und Aschinger? Der Konzern verlor das Hotel Fürstenhof und das von Kempinski übernommene Haus Vaterland am Potsdamer Platz durch Bombenangriffe ebenso wie die Mehr-

Ruinenlandschaft am Potsdamer Platz nach Kriegsende: Das zerstörte Hotel Fürstenhof (Bildmitte) und das Haus Vaterland (rechts).

zahl seiner Bierquellen und Konditoreien. Da sich die Lokale fast ausschließlich im Stadtzentrum befanden, waren die Zerstörungen besonders gravierend.[95] Das Weinhaus Rheingold hatte man 1943 gerade noch rechtzeitig an die Reichspost verkauft – es fiel später ebenfalls dem Bombenhagel zum Opfer.

Bis zuletzt glaubte der Konzern wohl noch an staatliche Entschädigungen für die kriegsbedingten Vermögensverluste und beauftragte den Bausachverständigen Felten mit der Erstellung von Gutachten zu den beschädigten Gebäuden.[96] Das glich mehr und mehr einer aussichtslosen Sisyphusarbeit, denn seine Berichte konnten mit der fortlaufenden Zerstörung einzelner Objekte einfach nicht mehr Schritt halten. So wurde das Hotel Fürstenhof am 3. Februar 1945 so schwer getroffen, dass Felten sein gerade vorgelegtes Gutachten über frühere Schäden zurückziehen und nochmals von vorne beginnen musste. Die Taxierung von Einzelschäden sei jetzt aufgrund der „außerordentlichen Zerstörungen schlechterdings unmöglich". Die markante, in den Potsdamer Platz hineinragende Spitze des Hotels „ist durch Volltreffer so schwer beschädigt, dass [sie] von Grund auf erneuert werden muss". Weitere Bomben zerstörten das Treppenhaus, große Teile des Daches, mehrere Restaurants und die meisten Zimmer des einstigen Renommierbetriebes. Gesamtschaden: 5,4 Millionen Reichsmark. Beim gleichen Angriff vom 3. Februar 1945 erlitt auch das benachbarte Haus Vaterland vernichtende Bombentreffer. Die Ruine stand nach dem Krieg noch jahrzehntelang am Potsdamer Platz, wie Pracht schreibt.[97]

Verheerend waren für Aschinger bereits die Luftangriffe vom 22. und 23. November 1943 gewesen.[98] Die neun Bierquellen in der Leipziger Straße 60/61 und 79, der Friedrichstraße 59/60 und 191, der Joachimsthaler Straße 3, der Berliner Straße 77, der Rathenower Straße 1, der Potsdamer Straße 8 und der Invalidenstraße 123 waren „völlig ausgebrannt", ebenso drei Konditoreien und mehrere Bäckereiverkaufsstellen. Andere ebenfalls stark beschädigte Betriebe konnten nach provisorischen Reparaturen weitergeführt werden. Da die Gasversorgung ausgefallen war, behalf man sich mit Propangasflaschen, die eigentlich nur für besondere Veranstaltungen angeschafft worden waren.

Bombenangriffe gehörten seit Ende 1943 zum Berliner Alltag. Die Löschtrupps waren ständig im Einsatz: „Am Abend des 20. Januar [1944] gingen auf unsere Zentrale rund 140 Brand- und einige Phosphorbomben nieder, die sämtliche gelöscht werden konnten, so dass keine Schäden von Bedeutung entstanden sind." Durch Druckwellen explodierender Bomben wurden zahlreiche Lokale immer wieder „völlig durchgeblasen", wie es in den firmeninternen Berichten unter Hinweis auf zerborstene Fensterscheiben und zersplitterte Türen hieß. Beim Verkauf des Weinhauses Rheingold hat der Konzern das gesamte Inventar im Wert von einer viertel Million Mark ausgelagert – doch auch das Lager brannte im Frühjahr 1944 völlig aus.

Enteignung im Osten – Mühsamer Neuanfang im Westen

Der große Aschinger-Zentralbetrieb am Prenzlauer Berg blieb trotz zahlreicher Bombentreffer erhalten. Aber das Gebäude lag im Ostteil der Stadt, wurde 1947 von der Sowjetischen Militärverwaltung beschlagnahmt und nach der endgültigen Teilung Berlins 1949 mit dem gesamten Vermögen enteignet. Für einige Jahre gab es dann in Ost-Berlin noch den „Volkseigenen Betrieb Aschinger". Nach der Umbenennung in „Aktivist" erinnerte Anfang der 1950er Jahre hier nichts mehr an den einst so berühmten Namen Aschinger.

Im Westteil der Stadt versuchten Fritz Aschinger und Paul Spethmann nach ihrer erfolgreichen Entnazifizierung einen Neuanfang. Eine wichtige Stütze waren dabei die ehemaligen Kempinski-Betriebe bzw. deren noch verbliebene Grundstücke. Hier konnte die Aschinger's AG ihre Rechtsauffassung zunächst durchsetzen, dass die 1937 mit Kempinski geschlossenen „Arisierungsverträge" rechtens waren und somit weiterhin Gültigkeit besaßen. Im Jahre 1950 kam es nach längeren Verhandlungen zu einem Vergleich zwischen Aschinger und den Erben Kempinskis, der auch eine wirtschaftliche Zusammenarbeit in Hinblick auf das neue Kempinski-Hotel am Kurfürstendamm beinhaltete. Spethmann, der Mitte der 1930er Jahre die Verhandlungen zur Übernahme der Kempinski-Betriebe geführt hatte, war jetzt in der Geschäftsleitung des neuen Kempinski tätig. Der kühle Manager hatte damit offensichtlich ebenso wenig Probleme wie die Erben des von Spethmann arisierten jüdischen Unternehmens. Man hatte sich eben aufgrund gemeinsamer Geschäftsinteressen arrangiert.

Doch diese Entwicklung erlebte Fritz Aschinger nicht mehr. Nach dem Abschluss des Enteignungsverfahrens im Osten nahm er sich ebenso wie seine Schwester Elisabeth 1949 das Leben. Der Konzern hatte durch Krieg und Enteignung Verluste von insgesamt 58 Millionen Mark erlitten.[99] Der Sohn des Firmengründers hatte wohl erkannt, dass unter diesen Voraussetzungen der „alte" Aschinger keine Chance mehr hatte. Diskussionen über seine NSDAP-Mitgliedschaft und die Beschäftigung von Zwangsarbeitern durch Aschinger mögen weitere Ursachen für den Freitod gewesen sein. Fast 60 Jahre nach Eröffnung der ersten Bierquelle durch August und Carl Aschinger fand die Geschichte des einst so erfolgreichen Familienunternehmens somit ein tragisches Ende.

Zwar existierte die Aktiengesellschaft – zunächst unter der kommissarischen Leitung von Paul Spethmann – im Westteil der Stadt weiter, aber ihre frühere Bedeutung konnte sie bei weitem nicht mehr erreichen. Die Zentrale und die meisten Betriebe gingen verloren, der Fremdenverkehr spielte in den ersten Nachkriegsjahren praktisch keine Rolle. Der Verlust der Hauptstadtfunktion, die Blockade Berlins und die Teilung der Stadt kamen hinzu. Die frühe Entscheidung der Unternehmensleitung, sich auf Berlin zu beschränken und das Erfolgsmodell der Bierquellen nicht auf andere deutsche Städte zu übertragen, rächte sich nach Kriegsende: Die ehemalige Hauptstadt war zerbombt, isoliert und geteilt. West-Berlin reichte als Basis für einen Erfolg versprechenden Neuanfang einfach nicht aus.

„Die Aschinger's Aktien-Gesellschaft verfügte [...] nach den außerordentlich hohen kriegsbedingten Verlusten nicht mehr über das Potential für einen neuen Aufschwung. Zwar betrieb sie in Berlin (West) noch einige Jahrzehnte lang vereinzelte Gaststätten, darunter am Bahnhof Zoo. Ein das städtische Zentrum Berlins umspannendes Hotel- und Gaststättennetz wie vor 1945 konnte die Gesellschaft jedoch nicht mehr knüpfen. Als die Restaurants immer weniger dem gastronomischen Zeitgeschmack entsprachen, meldete das Unternehmen um den Jahreswechsel 2000/2001 Konkurs an", resümiert Klein.[100]

An diese späten Aschinger-Gaststätten im Westteil der Stadt erinnern sich heute noch viele Berliner, die dort als Angestellte in der Mittagspause oder als Studenten einen günstigen Imbiss einnahmen. Für uns stand die Frage im Mittelpunkt, wie das alles anfing und wie es möglich war, dass zwei junge Männer aus Oberderdingen in den 1890er Jahren mit ihren Bierquellen und dem verblüffend einfachen Konzept „günstig, schnell und gut" die pulsierende Hauptstadt des Kaiserreichs im Sturm erobern konnten.

13 Aus ärmlichsten Verhältnissen –
Zur Familiengeschichte Aschinger

von Erwin Breitinger

Die Berliner Großgastronomen August und Carl Aschinger wuchsen in ärmlicher Umgebung auf. Ihr Vater, Andreas Aschinger, gelernter Küfer von Beruf, stammte aus einer schaffigen, grundsoliden Diefenbacher Familie. Der Großvater Johann Jacob war dort Gemeindepfleger, Mitglied des Gemeinderats, Armenkastenpfleger und betrieb neben seiner Landwirtschaft auch noch eine Küferei. Aber Andreas steckte in einer unruhigen Haut. Mit 27 Jahren heiratete er die Knittlingerin Johanna Magdalena Scheible, eine an sich akzeptable Partie. Sie „passte" dazuhin vom familiären Hintergrund, auch ihr Vater war Gemeinderat, Stiftungspfleger, Küfermeister und Bierbrauer in Knittlingen. Durchaus eine Familie, in die man als Sohn eines angesehenen Küfers der Nachbargemeinde hineinheiraten konnte. Insbesondere dann, wenn der Schwiegervater zum Zeitpunkt der Heirat 52 Jahre alt war und nur Töchter hatte. Aber diese Ehe war kinderlos und nicht so recht glücklich. Andreas Aschinger schwängerte Dorothea Lapp, eine Jugendfreundin aus Diefenbach, und wurde von seiner Frau geschieden. Die Familie Lapp wanderte in den 40er Jahren des 19. Jahrhunderts, einschließlich Dorothea mit ihren beiden unehelichen Kindern, nach Amerika aus.

Bereits 1841 zog Andreas Aschinger nach Derdingen und heiratete 1842 dort zum zweiten Mal, und zwar die zwölf Jahre jüngere Dorothea Götz, eine Bauerntochter aus dem Oberdorf. Elf Kinder entstammten dieser Ehe. Acht davon überlebten das Kleinkindalter. Andreas Aschinger „vergantete" in Oberderdingen, wie wir in Süddeutschland sagen – er war überschuldet. Bei einem Holzkauf – als Küfer brauchte er hochwertiges Eichenholz – hatte er sich übernommen, 1849 gingen die Geschäfte sehr schlecht, 1850 folgte der Konkurs, und in diesen zog er seinen 13 Jahre jüngeren Bruder Johannes mit hinein, der aus Solidarität für den Holzkauf gegenüber dem Staatsforst gebürgt hatte. Johannes Aschinger war Bäckermeister und heiratete Agnes Katharina Götz, die jüngere Schwester der Frau seines Bruders Andreas, für den auch er jetzt in Geldschwierigkeiten kam. Die Intervention des Derdinger Gemeinderats half nichts, der Staat vollstreckte den Holzkaufrest, denn auch Württemberg steckte 1850 in einer Wirtschaftskrise.

Jedenfalls waren die beiden von Diefenbach nach Derdingen gekommenen Aschingerfamilien wenig vermögend. Sie hatten insbesondere keine baren Geldreserven. Andreas, der Küfer, zog 1842 in das Anwesen seines Schwiegervaters; ein bescheidenes Haus an der „Friedhofsgass", der jetzigen Aschingerstraße von Oberderdingen. In ihm wohnten seine Schwiegereltern und drei junge Frauen. Sein Bruder sollte fünf Jahre später dort ebenfalls einziehen. Es ging in dem kleinen Häuschen mit einem Stall für zwei Kühe und eine Ziege, mit dem kleinen Schweinestall im Schopf und gemeinsamem Hofraum mit dem Nachbarn eng zu. Der Keller für das Mostfass und die Kartoffeln war schlecht, weil ihm Tiefe und Wölbung fehlten. Es wurde bald drückend eng, als fast jedes Jahr Nachwuchs kam. 1850 lebten in dem Haus Götz elf Personen, als Andreas Aschinger starb, waren es 20 Personen. Unmöglich, dass jedes Kind in einem eigenen Bett geschlafen hat. Für die Jugend gab es wohl Strohsäcke unterm Dach auf der Bühne.

Andreas Aschinger hielt sich und seine schnell wachsende Familie mit seiner Küferei und ab und an mit Taglohnarbeiten mehr schlecht als recht über Wasser. Er starb 1867 und hinterließ seiner Witwe acht Kinder, das Jüngste gerade fünf Jahre alt. Es sollte später der Mitbegründer der bekannten Berliner Gastronomiekette werden. In Derdingen war im Hause Aschinger „Schmalhans Küchenmeister". Denn die Familie war verschuldet und von Gläubigern bedrängt. Noch 1874 beim Tode von Regina Dorothea Aschinger geb. Götz kam es zu einem Schuldenaufruf, bei dem sich eine ganze Reihe von Gläubigern mit Kleinbeträgen meldete, die von der Witwe Aschinger offensichtlich zur Haushaltsführung entlehnt worden waren.

Die Familie Aschinger zerstreute sich schon vor dem Tode der Mutter in alle Winde. Friedrich zog nach Schlesien, heiratete, von dort aus ging er nach Berlin und pachtete eine Gastwirtschaft; später holte er seine Brüder Carl und August nach.

Die älteste Tochter Regine Katharina heiratete zwei Jahre nach dem Tode ihres Vaters einen Schriftsetzer und zog nach Rottweil. Friederike Dorothea und Maria Luise gingen nach Frankreich „in Stellung". Johann Jacob zog nach Heidelberg und Wilhelm nach Bruchsal, um dort das Metzgerhandwerk zu erlernen. Man sah im Hause Aschinger für keinen mehr eine Zukunft in Derdingen.

Um 1900 lebte kein Aschinger mehr am Oberlauf der Kraich. Die beiden erfolgreichen Gastronomen August und Carl holten Vettern und „Vetterlesvettern" an die Spree. Der Familiensinn der Gebrüder Aschinger war sehr ausgeprägt. Schwester, Onkel und Schwäger, auch die Diefenbacher und Kürnbacher Verwandtschaft, alle, die nach Berlin kommen wollten, fanden bei Aschinger ein Unterkommen. Und dies sollte auch nach dem Tode der Firmengründer so bleiben. Auch Fritz Aschinger – der einzige Sohn und Nachfolger von August Aschinger – besaß Familienstolz. Vergessen sollte man die Zeit, da die Familie von Zwangsvollstreckung und Gerichtsvollzieher bedroht war, wie noch 1884, als man gegen die Witwe des Onkels mit Zwangsbeitreibung gerichtlich vorgegangen war. Und man zeigte auch der Derdinger Bevölkerung, dass man es in der Fremde zu etwas gebracht hatte und jemand war. August Aschinger gab sich an seinem 48. Geburtstag großzügig, ließ auf dem Friedhof ein „Aschinger-Denkmal" bauen und schenkte den Schulkindern einen Taler, das war im damaligen Sprachgebrauch ein 3-Mark-Stück. Schon vorher hatte er auch die entferntesten Verwandten mit Darlehen unterstützt. Mit Geld konnten die Brüder umgehen. 1884 schrieb August an seine Geschwister in Derdingen, dass er jetzt monatlich bloß 165 Mark verdiene, aber er würde bleiben, denn „beim Wechseln kommt auch nichts heraus". Er war seinerzeit Koch und wohnte Unter den Linden 28 in Berlin. Als er 1888 heiratete, war er Restaurateur im Sedanpanorama, einer Gaststätte mit viel Laufkundschaft. Seine Frau brachte 5.000 Reichsmark mit in die Ehe, und das war das Startkapital für den raketenhaften finanziellen und gesellschaftlichen Aufstieg.

Welch ein Unterschied der Familien: Bei seiner Tante in Diefenbach hieß es bei der Hochzeit, sie „hat weder Heiratsgut noch Aussteuer". Seine Onkel waren Kleinhandwerker, Dienstknechte oder Bierbrauer in einer Weingegend, sie lebten ausnahmslos in kleinbäuerlichen Verhältnissen in Württemberg.

Und in der jungen expandierenden Reichshauptstadt kamen die Brüder Carl und August rasch nach oben. Nach Friedrich Aschinger, der bereits 1893 gestorben war, wurde Augusts Sohn Fritz benannt. Er führte das Unternehmen in stürmischer Zeit. Expandierte in Inflation und wurde zu einer Berliner Institution. Die meisten Gebäude des Gastronomiekonglomerats gingen in den Bombennächten des Zweiten Weltkriegs zugrunde, und schließlich wurde 1949 die Mehrzahl der Betriebe vom Ostberliner Regime enteignet.

Frau Zlatka Str. Kermektschiewa, die Schwester des Ehemanns von Elisabeth Aschinger, erzählte 1972 von ihrer Schwägerschaft: „Beide Kinder August Aschingers sind – innerhalb von fünf Tagen – im August 1949 durch

Sophie Aschinger, geb. 1882, konnte wie viele Verwandte aus dem Heimatort in den Bierquellen arbeiten. Sie kam 1899 nach Berlin und führte später mit ihrem Mann Gottlob Gilly die Gaststätte „Düppel-Eck".

Hochzeitsfoto von Elisabeth, Tochter August Aschingers, und Alexander Kermecktschiew, ein bulgarischer Adliger.

Freitod aus dem Leben gegangen. Elisabeth in Freiburg i. B., Fritz in Berlin. Sie waren beide großzügige, freigiebige Menschen. Von Fritz weiß ich, dass er jedes Mal, wenn er mit Damen aus seinem Bekanntenkreis in die Oper oder ins Theater ging, für jede Dame ein passendes nettes Geschenk mithatte. Er war ein richtiger Junggesellen-Typ: ernst, aber doch immer liebenswürdig und ganz in seiner Arbeit aufgehend, obwohl er von Arthritis geplagt war. Dass er geheiratet hat, war Zufall. Er ist in die Ehe gewissermaßen gestolpert und zwar durch einen Autozusammenstoß. Die Dame, die am Steuer ihres Autos saß, und sein Auto, gelenkt von einem Chauffeur, prallten zusammen. Die Dame war eine schöne verheiratete Wienerin, die einen kleinen Sohn hatte. Sie ließ sich später von ihrem Mann scheiden, um Direktor Fritz Aschinger zu heiraten. In der Ehe wurde eine Tochter geboren. In der Folgezeit ließ sich

Frau Aschinger von ihrem Mann scheiden, nahm sich ihre Tochter mit in die dritte Ehe in die Schweiz. Dann – wie ich höre – ließ sie sich von ihrem dritten Manne scheiden. Ihr Sohn aus erster Ehe verunglückte nach Kriegsende in Paris. Ihre Tochter, das einzige Enkelkind des August Aschinger, hat einen Amerikaner geheiratet. Der Name Aschinger erlosch [in Berlin]". Soweit Frau Kermektschiewa, die zur Hochzeit ihres Bruders 1912 nach Berlin gekommen war. Der bulgarische Gesandtschaftssekretär Alexander Kermektschiew heiratete dort die Großgastronomentochter Elisabeth Aschinger. Sie zogen nach Rom und wurden dann 1916, als Italien den Mittelmächten den Krieg erklärte, ausgewiesen.

Zur Familie gehörte auch Christian Wilhelm Aschinger. Er starb 1888 in Derdingen und hinterließ fünf Kinder, vier von ihnen zogen später nach Berlin. Sein Sohn Friedrich August (nach dem Onkel benannt), 1873 in Derdingen geboren, versuchte sich als Kutscher im Aschinger-Imperium, zog jedoch nach Deutsch-Südwest-Afrika, wo er als Händler am 12. Januar 1904 mit 31 Jahren starb. Das Kaiserliche Distriktkommando Okahandya schrieb 1906 an das Amtsgericht Maulbronn, dass zwei Polizeifeldwebel von glaubwürdigen Zeugen von seinem Tode erfahren hätten. Wo dieser passiert war, stand nicht im Protokoll, das der kaiserliche Bezirksamtmann entgegennahm, und „zu öffentlichem Glauben mit Siegel und Unterschrift" am 27.7.1905 ausfertigte. Aschingers Witwe hatte sich in der Zwischenzeit wieder verheiratet.

Am 10. März 1910 beschloss der Derdinger Gemeinderat einstimmig „auf dem hiesigen Friedhof einen Platz zur Errichtung eines Grabmonuments für immer unentgeltlich zu überlassen und Herrn August Aschinger das Ehrenbürgerrecht seiner Geburt- und Heimatgemeinde zu verleihen." Das Gemeinderatsprotokoll spricht von großzügiger Wohltätigkeit, die er den Ortsarmen von jeher zukommen ließ. Tatsache ist, dass er sein Geburtshaus der Gemeinde als Armenhaus vermacht hat; in diesem ist heute ein Museum eingerichtet, das die Oberderdinger Ehrenbürger August Aschinger, Carl Fischer und Heinrich Blanc und ihre Lebensleistungen zeigt. Das Aschingerhaus ist mit einer kommunalen Galerie für Wechselausstellungen verbunden. Weiter gibt es in Oberderdingen eine Aschingerhalle und eine Aschingerstraße. Die Erinnerung an die im 19. Jahrhundert aufblühende und im 20. Jahrhundert kometenhaft verglühende Familie im entfernten Berlin ist in Oberderdingen also noch lebendig.

Die Aschinger in Württemberg waren Exulanten. Sie stammten aus dem Bauerngut Aschen bei Watzenkirchen im Ländlein ob der Enz, und waren zu Mitte des 17. Jahrhunderts nach Schützingen gekommen. Dieses Dorf lag nach den Wirren des 30-jährigen Krieges öd und wurde mit Glaubensvertriebenen aus Oberösterreich neu besiedelt. Die Aschinger verbreiteten sich im 18. Jahrhundert in die Nachbarorte, kamen 1733 nach Diefenbach, von dort aus 1842 nach Derdingen und 1874 nach Berlin. Heute leben in Oberderdingen keine Aschinger mehr, auch nicht in Diefenbach oder Kürnbach.[101]

Stammfolgeliste für Johann Jacob Aschinger

Erstellt von ERWIN BREITINGER

Hier werden die männlichen Nachfahren von Johann Jacob Aschinger aus Diefenbach, dem Großvater der Berliner Gastronomen, aufgelistet. Die erste Ziffer bezeichnet die Generation, die zweite Ziffer ist die laufende Nummer der Person in der jeweiligen Generation. Seitenzweige wurden nicht weiter verfolgt.

1.0 Johann Jacob **Aschinger** evang. * am 28.01.1776 in Diefenbach. † am 04.06.1853 in Diefenbach. Beruf: Küfermeister in Diefenbach. Titel: Gemeindepfleger.
   Verbindung Heirat am 22.02.1803 in Diefenbach
   Regina Catharina **Sommer** * am 28.11.1778 in Diefenbach. † am 11.11.1853 in Diefenbach.
   Kinder:
   1. Johann Jacob **Aschinger** siehe 2.1
   2. Andreas **Aschinger** siehe 2.2
   3. Elisabetha Regina **Aschinger** * am 01.12.1810 in Diefenbach. † am 12.04.1890 in Diefenbach. Verbindung mit Johann Friedrich **Bucher** * am 26.12.1803 in Diefenbach. † am 02.02.1874 in Diefenbach.
   4. Justina Catharina **Aschinger** * am 29.11.1813 in Diefenbach. † am 12.12.1814 in Diefenbach.
   5. Justina Catharina **Aschinger** * am 29.09.1816 in Diefenbach. † am 07.02.1876 in Diefenbach. Verbindung mit Johann Christian **Scholl** * am 23.05.1798 in Billensbach Pf. Beilstein. † am 02.05.1857 in Diefenbach.
   6. Johannes **Aschinger** siehe 2.3

2.1 Johann Jacob **Aschinger** evang. * am 04.02.1804 in Diefenbach. † am 17.03.1878 in Diefenbach. Beruf: Küfer in Diefenbach. Titel: Pfarrgemeinderat, Kirchenältester in Diefenbach.
   Verbindung Heirat am 24.07.1831 in Diefenbach
   Jacobina **Fischer** evang. * am 24.07.1803 in Diefenbach. † am 11.02.1864 in Diefenbach.
   Kinder:
   1. Heinrike **Aschinger** * am 07.04.1832 in Diefenbach. † am 21.04.1832 in Diefenbach.
   2. Jacob Friedrich **Aschinger** * am 05.05.1833 in Diefenbach. † am 04.11.1833 in Diefenbach.
   3. Christiane Friederike **Aschinger** * am 11.10.1834 in Diefenbach. † am 25.10.1834 in Diefenbach.
   4. Johann Jacob **Aschinger** * am 30.08.1835 in Diefenbach. † am 30.01.1837 in Diefenbach.
   5. Christian Heinrich **Aschinger** * am 20.01.1838 in Diefenbach. † am 23.02.1840 in Diefenbach.
   6. Christian Heinrich **Aschinger** siehe 3.1
   7. Christiane Heinrike **Aschinger** * am 25.08.1842 in Diefenbach.
   8. Katharina Regine **Aschinger** * am 25.03.1845 in Diefenbach.

3.1 Christian Heinrich **Aschinger** evang. * am 17.03.1840 in Diefenbach. † am 03.04.1898 in Diefenbach. Beruf: Bauer und Küfer in Diefenbach.
   Verbindung Heirat am 20.02.1868 in Diefenbach
   Elisabetha Caroline **Bucher** evang. * am 18.10.1846 in Diefenbach. † am 14.10.1896 in Diefenbach.
   Kinder:
   1. Jacob Friedrich **Aschinger** * am 19.04.1869 in Diefenbach. † am 16.10.1869 in Diefenbach.
   2. Christiane Friederike **Aschinger** * am 19.09.1870 in Diefenbach. † am 20.03.1871 in Diefenbach.
   3. Christian Heinrich **Aschinger** * am 13.03.1872 in Diefenbach. † am 14.01.1940 in Diefenbach. Verbindung mit Marie **Ziegler** * am 16.03.1871 in Diefenbach. † am 28.01.1957 in Diefenbach.
   4. Jacob Friedrich **Aschinger** * am 24.12.1873 in Diefenbach. † am 16.10.1912 in Nöttingen.
   5. Karl Gustav **Aschinger** * am 29.08.1875 in Diefenbach. † in Berlin. Verbindung mit Emma Christiane **Kugler** * am 07.01.1879 in Diefenbach. † in Berlin.
   6. Gustav **Aschinger** siehe 4.1

4.1 Gustav **Aschinger** evang. * am 10.01.1878 in Diefenbach. † am 04.01.1946 in Diefenbach.
   Verbindung Heirat am 21.03.1903 in Diefenbach
   Sophie Karoline **Dürrwächter** evang. * am 01.02.1881 in Diefenbach. † am 09.03.1968 in Diefenbach.

Kinder:
1. Carl Friedrich **Aschinger** * am 02.10.1903 in Diefenbach. † am 13.02.1957 in Berlin. Verbindung mit unbekanntem Partner
2. Friedrich Christian **Aschinger** * am 13.02.1908 in Diefenbach. † am 26.09.1965 in Nagold-Rötenbach. Verbindung mit Hedwig **Walz** * am 13.11.1911 in Reutlingen.
3. Gustav Adolf **Aschinger** * am 28.12.1910 in Diefenbach. † am 18.10.1916 in Diefenbach.
4. Mina Anna **Aschinger** * am 12.04.1918 in Diefenbach. Verbindung mit Georg **Bräuer**.

2.2 Andreas **Aschinger** evang. * am 11.07.1807 in Diefenbach. † am 24.11.1867 in Derdingen. Beruf: Kübler, Bierbrauer.
  1. Verbindung
    Dorothea **Lapp** * am 31.03.1814. Nach Amerika ausgewandert 1846. (sie in 2. Ehe mit **Unbekannt**)
    Kinder:
      1. Jacob Friedrich **Aschinger** * am 14.02.1841 Spurius in Diefenbach.
  2. Verbindung Heirat am 14.08.1834 in Knittlingen Scheidung 1841
    Johanna **Scheible** evang. * am 01.06.1815 in Knittlingen.
  3. Verbindung Heirat am 08.02.1842 in Derdingen
    Regina Dorothea **Götz** evang. * am 20.06.1819 in Derdingen. † am 13.06.1874 in Derdingen.
    Kinder:
      1. Regina Katharina **Aschinger** * am 11.01.1843 in Derdingen. Verbindung mit Paul **Bahnholzer**.
      2. Friederike Dorothea **Aschinger** * am 20.03.1844 in Derdingen. † am 20.03.1929 in Berlin.
      3. Gottlieb Friedrich **Aschinger** * am 08.07.1845 in Derdingen. † am 27.06.1893 in Berlin. Verbindung mit Auguste Mathilde **Kinhanl** * am 12.11.1843 in Grünhaxtau.
      4. Johann Jacob **Aschinger** * am 20.03.1847 in Derdingen. † am 12.02.1872 in Heidelberg.
      5. Christian Wilhelm **Aschinger** siehe 3.2
      6. Marie Luise **Aschinger** * am 16.02.1851 in Derdingen. † am 27.10.1851 in Derdingen.
      7. Marie Luise **Aschinger** * am 24.10.1852 in Derdingen.
      8. Karl **Aschinger** * am 19.10.1855 in Derdingen. † 1909 in Berlin.
      9. Christiana **Aschinger** * am 03.08.1858 in Derdingen.
     10. Ludwig August **Aschinger** siehe 3.3
     11. Wilhelmina **Aschinger** * am 11.03.1864 in Derdingen. † am 06.10.1864 in Derdingen.

3.2 Christian Wilhelm **Aschinger** evang. * am 07.02.1849 in Derdingen. † am 05.06.1888 in Derdingen. Beruf: Metzger in Bruchsal.
  Verbindung Heirat am 16.03.1876 in Derdingen
    Ernestine Gottliebin **Kaiser** evang. * am 11.09.1847 in Waiblingen. Tochter von Gottfried **Kaiser** und Maria Barbara **Böhringer**.
    Kinder:
      1. Wilhelm **Aschinger** * am 24.02.1871 Spurius in Waiblingen.
      2. Friedrich August **Aschinger** * am 12.03.1873 Spurius in Derdingen. † am 12.01.1904 Okombepera. Verbindung mit Johanna Franzinn **Pordan**.
      3. Heinrich Friedrich **Aschinger** * am 21.12.1876 in Ludwigsburg.
      4. Luise Ernestine **Aschinger** * am 01.01.1878.
      5. Albert Robert **Aschinger** * am 14.06.1879. † am 29.09.1879 in Ludwigsburg.
      6. Maria Anna **Aschinger** * am 25.08.1880. † am 10.09.1880 in Ludwigsburg.
      7. Anna Maria **Aschinger** * am 16.10.1881.
      8. Maria Luise **Aschinger** * am 15.09.1883.
      9. Ernestine Charlotte Wilhelmine **Aschinger** * am 31.08.1888 in Berlin.

3.3 Ludwig August **Aschinger** evang. * am 08.04.1862 in Derdingen. † am 28.01.1911 in Charlottenburg.
  Verbindung Heirat 04.1888 in Berlin
    Helene **Neumann** evang.
    Kinder:
      1. Elisabeth **Aschinger** † 08.1949 in Freiburg. Verbindung mit Alexander **Kermektschiew** * in Sofia.
      2. Fritz **Aschinger** siehe 4.2

4.2 Fritz **Aschinger** evang. *1894. † 08.1849 Suizid in Berlin.
Verbindung
mit unbekannter Partnerin
Kinder:
1. Ingrid **Aschinger**

2.3 Johannes **Aschinger** evang. * am 22.04.1820 in Diefenbach. † am 31.12.1882 in Derdingen. Beruf: Bäckermeister in Derdingen.
Verbindung Heirat am 09.05.1847 in Derdingen
Agnes Catharina **Götz** * am 05.11.1821 in Derdingen. † in Berlin.
Kinder:
1. Christina Katharina **Aschinger** * am 01.10.1847 in Derdingen. † in Berlin. Verbindung mit August **Goppalt**
2. Johann Jacob **Aschinger** siehe 3.4
3. Wilhelmina **Aschinger** * am 18.09.1850 in Derdingen. † am 26.01.1851 in Derdingen.
4. Christian Karl **Aschinger** siehe 3.5
5. Christoph Wilhelm **Aschinger** * am 02.07.1854 in Derdingen. Verbindung mit Bertrha **Lang** * in Linkenheim.
6. Ferdinand **Aschinger** * am 18.07.1857 in Derdingen. † in Amerika. Verbindung mit unbekanntem Partner
7. Gottlieb **Aschinger** * am 20.10.1859 in Derdingen. Verbindung mit Helene Wilhelmine **Ehinger** * in Kieselbronn.
8. Johannes **Aschinger** * am 26.03.1863 in Derdingen. † in Chicago.
9. Caroline **Aschinger** siehe 3.6

3.4 Johann Jacob **Aschinger** evang. * am 15.04.1849 in Derdingen. † am 30.01.1922.
1. Verbindung Heirat am 16.11.1879 in Weiler a.d.Zaber
Katharina Friederike **Böhner** evang. * am 20.10.1846 in Weiler a.d. Zaber. † am 26.08.1885. Tochter von Johann Georg **Böhner** und Friederike **Schmid**.
Kinder:
1. Christian Ludwig **Aschinger** * am 02.12.1875 Spurius in Weiler a.d.Zaber.
2. Jacob Johann **Aschinger** * am 11.01.1881. † am 28.04.1965 in Hamburg.
3. Anonymus **Aschinger** * am 25.12.1884. † am 25.12.1884.
2. Verbindung Heirat am 26.03.1887 in Ludwigsburg
Karoline **Ebinger** * am 20.05.1847 in Kirchberg-Zwingelhausen Marbach. † am 06.04.1929. (sie in 1. Ehe mit Johannes **Bayer**) Tochter von Jacob **Ebinger** und **Angerbauer**.

3.5 Christian Karl **Aschinger** evang. * am 10.02.1852 in Derdingen. † am 29.07.1912 in Kürnbach. Beruf: Wagner in Kürnbach.
Verbindung Heirat am 02.01.1876 in Kürnbach
Katharina **Treutle** evang. * am 15.11.1849 in Kürnbach.
Kinder:
1. Karl Friedrich **Aschinger** * am 07.11.1886 in Kürnbach.

3.6 Caroline **Aschinger** evang. * am 10.01.1866 in Derdingen.
Verbindung Heirat am 18.04.1895 in Hertisau
Valentin **Kraft** kath. * in Hartheim.
Kinder:
1. Luise Karoline **Kraft** * am 03.10.1888 Spuria in Tübingen.

14 Das Museum Aschingerhaus

Mitten in Oberderdingen steht das Geburtshaus von August und Carl Aschinger. Das eher bescheidene, Mitte des 18. Jahrhunderts erbaute Fachwerkhaus befindet sich seit den 1920er Jahren im Besitz der Gemeinde, diente über Jahrzehnte hinweg Wohnzwecken und fand im Jahr 2002 seine ideale Nutzung: als Teil des Museums Aschingerhaus. Der umsichtigen Sanierung des Gebäudeensembles folgte eine kluge Museumskonzeption, die es vermied, der langen Reihe von Heimatmuseen in der Region ein weiteres hinzuzufügen.

So innovativ, wie die Bierquellen-Gründer zu ihrer Zeit waren, wirkt das Fachwerkhaus mit dem modernen Ausstellungsdesign und der gelungenen Präsentation samt multimedialer Aufbereitung der musealen Thematik heute auf die Besucher. Neben der Dauerausstellung, die sich der Geschichte Aschingers und weiterer bedeutender Oberderdinger Unternehmerpersönlichkeiten widmet, bringt die Kunstgalerie mit ihren wechselnden Ausstellungen zusätzliches Leben in die stilvoll renovierten Räume.

Gebäudegeschichte und Sanierung

Als Erstes waren die Architekten und Baufachleute gefordert, um das fast 250 Jahre alte Gebäude denkmalgerecht zu sanieren. Eine wichtige Grundlage bildete dabei die bauhistorische Aufnahme von Robert Crowell, der die frühere Raumstruktur und Nutzung des Aschingerhauses untersucht hat.[102] Die Küche befand sich, etwas ungewöhnlich, im Obergeschoss am Ende des Flurs. Gekocht hat man über einem offenen Feuer auf dem gemauerten Herd. Von

Museum Aschingerhaus: Der markante „Rote Turm" verbindet das ehemalige Wohnhaus mit der Scheune.

Blick vom Infopunkt im „Roten Turm" auf den Haupteingang des Museums.

hier aus wurde auch der Ofen in der benachbarten Stube befeuert. Was heute vielleicht romantisch klingt, war für die Köchinnen jener Zeit nicht besonders angenehm: „Der Rauch der Feuerstellen stieg in einen großen, offenen ‚Rauchfang', der von der Decke herabhing, und von dort in den darüber aufgesetzten ‚Deutschen Schlot'. Besonders gut hat der offene Schlot nicht funktioniert. Der Rauch zog schlecht ab und mit der Zeit war die gesamte Küche geschwärzt."

Diese gesundheitsschädliche „Rauchküche" wurde erst im 19. Jahrhundert modernisiert. Jetzt stand ein geschlossener eiserner Herd mit Wasserschiff und Backofen zur Verfügung, wie wir ihn auf dem Lande noch bis in die zweite Hälfte des 20. Jahrhunderts gekannt haben. Der Rauch wurde über ein Abzugsrohr in den zugstarken Kamin („Russenschlot") geführt. „Weil die Küche nun endlich rauchfrei war, konnte man eine mit einer Klappe versehene Öffnung schaffen, um Warmluft aus der Küche in die dahinterliegende Stubenkammer zu leiten", beschreibt die Bauaufnahme den neuen Komfort im Haus der Familie Aschinger. Um die Küche schön warm zu halten, wurde zum Flur hin eine Trennwand eingebaut. Der zentrale Kamin, der später bis ins Erdgeschoss führte, hatte spürbare Vorteile: „Durch Anschlüsse an den Kamin (Rauchrohre) konnte die Anzahl der beheizbaren Räume im Haus deutlich vermehrt werden."

Das Fachwerk des Hauses weist einen typischen Wandaufbau mit Ständern und Riegelwerk als Traggerüst auf. Sie verleihen diesem in der gesamten Region weit verbreiteten Gebäudetyp das charakteristische Aussehen mit den längs, quer und schräg verlaufenden Holzbalken. Die dadurch entstehenden mosaikartigen kleinen Wandflächen, die so genannten Gefache, wurden mit einem Holzflechtwerk ausgefüllt. „Darauf wird der Lehmbewurf beidseitig aufgebracht, der zuvor mit Sand, Wasser und Häcksel (klein geschnittenes Stroh) aufbereitet wurde. Schließlich wird der Lehm geglättet und mit einem Kammstrich versehen, der als Haftbrücke für den darüber liegenden Kalkputz dient", beschreibt Crowell das Prinzip.

In den 1960er Jahren haben viele Eigentümer das Fachwerk durch Putz oder – noch schlimmer – Kunststoffverkleidungen überdeckt, um ihren Häusern ein „gepflegteres" Aus-

Verbindung von alt und neu: Auch nach der Sanierung bleibt der „Russenschlot" des ehemaligen Wohnhauses Aschinger sichtbar.

sehen zu geben. Im Zuge der Sanierungs- und Dorfentwicklungsprogramme des Landes Baden-Württemberg konnten in den vergangenen 20 Jahren solche Renovierungssünden beseitigt und viele denkmalgeschützte Häuser vor dem Zerfall gerettet werden. Was diese Landesmittel an optischer Aufwertung und Wohnqualität bewirkt haben, lässt sich gerade in Oberderdingen beispielhaft zeigen: an vielen privaten Wohnhäusern, dem umfassend sanierten Amthof – und eben auch am Museum Aschingerhaus.

Die zuständige Denkmalschützerin bezeichnete das Aschingerhaus als „den Prototyp einer bäuerlichen Hofanlage in Südwestdeutschland. Ein zweigeschossiges, giebelständiges Wohnhaus wird begleitet von einer im rechten Winkel dazustehenden Stallscheune."[103] Dieses Gebäudeensemble blieb bei der Sanierung erhalten und konnte in das museale Nutzungskonzept einbezogen werden. Dabei verbinden sich alt und neu: „Gegenwart und Zukunft spiegeln sich in den heutigen baulichen Ergänzungen und im kompromisslos modernen Ausstellungskonzept wider. Gebäude- und Museumskonzept spannen gemeinsam den Bogen von gestern und nach morgen. Die Spannung zwischen alter Umgebung und moderner Ausstellungstechnik wird zur Devise", erläutert Architekt Michael Weindel das ganzheitliche Sanierungsvorhaben.[104]

Multimediale Präsentation im Fachwerkhaus

Der reizvolle Kontrast zwischen alt und neu begegnet den Museumsbesuchern schon am Eingang: ein an der Scheunenfassade angebrachter, rot markierter Kubus lockt geradezu in das Gebäudeinnere. Hier fällt der Blick zunächst auf den „Roten Turm", der als Verbindungsglied zwischen der Scheune und dem eigentlichen Aschingerhaus neu geschaffen wurde. Der Turm ist die erste Anlaufstelle, er dient als Infopunkt und Museumsshop. Während das große Scheunengebäude regional und überregional bekannten Künstlern bei wechselnden Ausstellungen ein

Ein Blickfang für die Museumsbesucher ist diese große Abbildung einer Festgesellschaft im Weinhaus Rheingold.

Forum bietet, ist das Museum im ehemaligen Wohngebäude ganz den Ehrenbürgern August Aschinger, Heinrich Blanc und Karl Fischer gewidmet.

Das Erdgeschoss des Museums beschreibt in sieben Themenblöcken die Geschichte der Familie Aschinger und den faszinierenden Aufstieg der Brüder August und Carl zu den führenden Gastronomen Berlins. Große Abbildungen versetzen die Besucher in das frühe 20. Jahrhundert, zeigen das pulsierende Leben der Reichshauptstadt, die schmucken Fassaden der Bierquellen mit ihren charakteristischen Schaufenstern, das prunkhafte Weinhaus Rheingold und das florierende Hotel Fürstenhof. Die Großstadtszenen bilden dabei einen reizvollen Kontrast zu dem schlichten Fachwerk des ländlichen Wohnhauses.

Die Galerie in der ehemaligen Scheune: Das stilvoll sanierte Fachwerkhaus schafft für die regelmäßigen Ausstellungen eine besondere Atmosphäre .

Führung einer Besuchergruppe durch das Museum Aschingerhaus.

Die Abbildungen machen neugierig und werfen Fragen auf, die von den Wandtexten beantwortet werden: „Familienchronik Aschinger", „Von der Bierquelle zum Gastronomie-Imperium", „Die Historie der Aschinger AG" oder „Das Ende eines großen Gastronomie-Imperiums" lauten einige Überschriften der Texte. Einen raschen Überblick ermöglicht die Zeittafel. Sie ordnet die Familiengeschichte Aschinger in die „große" Geschichte ein. Die Jahreszahlen sind dabei aufsteigend angeordnet, der Blick ist also nach oben und nach vorne in die Zukunft gerichtet.

Eine reizvolle Ergänzung der schriftlichen und fotografischen Informationen bieten die Audiotexte, die sich die Besucher während ihres Rundgangs über Kopfhörer erzählen lassen

Im Vorführraum des Museums werden Filmdokumente und historische Bilder gezeigt.

können. Hier erfahren sie noch mehr über das Publikum der Bierquellen, die unglaublichen Mengen an Bierwürsten oder Erbsensuppe, die täglich in den Berliner Aschinger-Lokalen verzehrt worden sind und über die Zentrale in der Saarbrücker Straße mit ihren riesenhaften Lagerräumen und Küchen.

Dieses multimediale Museumskonzept setzt sich auch in den oberen Stockwerken des Aschingerhauses fort, wenngleich die Thematik sich jetzt dem modernen Oberderdingen zuwendet. Die Gemeinde ist heute nicht nur geprägt von Weinbau und Tourismus, sondern auch von einem deutlichen wirtschaftlichen Aufschwung, der in den 1920er Jahren einsetzte und untrennbar mit zwei Firmennamen verbunden ist: E.G.O. und BLANCO. 1925 begann Heinrich Blanc mit der Serienproduktion von kupfernen Wasserschiffen für Herde, zu der später Kochkessel hinzukamen. „Die Sternstunde des Unternehmens schlägt 1951 mit dem Beginn der Fertigung von Spülen und Spültischabdeckungen aus Edelstahl. In den folgenden Jahren wird der Bereich Großverpflegung systematisch ausgebaut", erfahren wir aus den Museumstexten.[105] Die unterschiedlichen Materialien und Formen der Spülen zeigen dem Besucher, wie sich der Zeitgeschmack in den vergangenen 50 Jahren gewandelt hat. BLANCO hat diese Entwicklung mitgeprägt und mittlerweile mehr als 20 Millionen Küchenspülen verkauft. Das weltweit agierende Unternehmen verfügt heute über 1.400 Mitarbeiter.

1929 gründete Karl Fischer den Elektro-Gerätebau Oberweiler, E.G.O. Schon zwei Jahre später siedelte die Firma nach Oberderdingen über. Hier trifft Fischer auf Heinrich Blanc, der in das zukunftsträchtige Unternehmen einsteigt. Beide erkannten den wachsenden Markt für elektrische Küchengeräte, für Kochplatten, Backofen- und Grillheizkörper und Regulierschalter. Die Mitarbeiterzahl stieg innerhalb weniger Jahre von einem Dutzend auf über 300. Das Museum zeigt, wie die Elektrifizierung in den Küchen des 20. Jahrhunderts Einzug gehalten hat und wie zwei findige Unternehmer aus Oberderdingen den Zug der Zeit erkannt haben. Hier schließt sich der Kreis zu August und Carl Aschinger, die den gastronomischen Trend ihrer Zeit erfasst haben und von Oberderdingen auszogen, um die Hauptstadt Berlin zu erobern.

„Oberderdingen hat Lust auf die Zukunft"

von Thomas Nowitzki

Die seit der Gebietsreform 1973 zum Landkreis Karlsruhe zählende Gemeinde Oberderdingen hat mit der in der Maulbronner Oberamtsbeschreibung von 1876 dargestellten Ortschaft kaum noch etwas gemeinsam. Oberderdingen ist „typisch baden-württembergisch", verlief doch früher die Landesgrenze zwischen Baden und Württemberg mitten durch das heutige Gemeindegebiet.

Fast 10.500 Einwohner groß, hat sich die Gemeinde mit den Teilorten Flehingen und Großvillars zu einem infrastrukturell gut ausgestatteten Gemeinwesen mit attraktiven Wohngebieten und einem guten Arbeitsplatzangebot in der Region Kraichgau Stromberg entwickelt. Oberderdingen liegt verkehrsgünstig unweit der A 5, A 6, A 8 und A 81. In 20, spätestens 30 Minuten ist man auf der Autobahn. Nach Karlsruhe fährt man am besten mit der Stadtbahn, die von den Haltestellen im Industriegebiet Oberderdingen und Bahnhof Flehingen bis in die Innenstadt zum Marktplatz von Karlsruhe oder gar weiter in das etwas entferntere Baden-Baden fährt.

Während in der Oberamtsbeschreibung noch von einer Gemeinde zweiter Ordnung die Rede ist, nimmt Oberderdingen heute die Funktionen eines Unterzentrums für die Nachbarschaft wahr, ist Schulstandort für etwa 25.000 Menschen, Einkaufsort und bietet fast 4.000 Arbeitsplätze. Darüber hinaus befindet sich im Schloss Flehingen ein Schulungs- und Bildungszentrum mit einer Fachschule für Sozialpädagogik und Heilpädagogik sowie eine Tagungsstätte. Im FORUM OBERDERDINGEN ist ein kleines, aber atmosphärisch sehr gelungenes Veranstaltungs- und Tagungszentrum mit moderner Medienausstattung mitten im historischen Ortszentrum von Oberderdingen eingerichtet worden.

Neben den Aschingerbrüdern, von denen August Aschinger aufgrund seiner wohltätigen Beziehungen zu seiner Heimatgemeinde 1910 zum ersten Ehrenbürger ernannt wurde, haben in den 20er und 30er Jahren des letzten Jahrhunderts mit Heinrich Blanc und Karl Fischer zwei weitere herausragende Unternehmerpersönlichkeiten die Struktur Oberderdingens bis in die

Das heutige Rathaus der Gemeinde Oberderdingen in der 1985 sanierten ehemaligen Zehntscheune.

heutige Zeit hinein geprägt. Erfolgreicher Kaufmann der eine, genialer Techniker der andere, als Gründerväter der BLANCO und der E.G.O. sind auch sie zu Ehrenbürgern der Gemeinde Oberderdingen ernannt worden. Dank der von ihnen am Standort Oberderdingen errichteten Industriebetriebe hat sich in der Gemeinde der Strukturwandel von der Landwirtschaft hin zu einer attraktiven Wohngemeinde mit Industriearbeitsplätzen viel schneller vollzogen als in der übrigen Region. Die heute der E.G.O.-Gruppe zugehörigen Unternehmen sind weltweit erfolgreich tätig. Firmensitz und vor allem die zentralisierten Entwicklungs- und Technologiezentren haben nach wie vor hier in Oberderdingen ihren Standort. Eine ganze Reihe von mittelständischen Unternehmen stärken den Standort Oberderdingen weiter, der seit 1999 mit einem 40 ha großen interkommunalen Industriegebiet zu den Schwerpunktstandorten für die gewerbliche Wirtschaft und Dienstleistungen in der Region Mittlerer Oberrhein zählt.

Der zu Zeiten der Aschingers bereits wichtige Weinbau hat heute eine andere, aber ebenfalls gewichtige Bedeutung für die Gemeinde. Ging es seinerzeit vorwiegend um die eigene Versorgung und allenfalls eine lokale Vermarktung, hat die Oberderdinger Weinbautradition mittlerweile eine überregionale und dazu touristische Ausrichtung erhalten. Private Weingüter und eine noch württembergische Weingärtnergenossenschaft bieten exzellente Tropfen vor allem württembergischer, aber auch badischer Weine. Viele Gäste und Besucher kommen hierher, um neben der herrlichen Landschaft im Kraichgau-Stromberg die guten Weine der „Oberderdinger Kupferhalde" zu genießen. Die entsprechenden Bettenkapazitäten stehen in Hotels, Gasthöfen, Weingütern, Ferienwohnungen und bei „Ferien auf dem Bauernhof" zur Verfügung. Der überwiegende Teil des Gemeindegebietes zählt zum Naturpark Stromberg-Heuchelberg. Über 800 ha Waldflächen, insbesondere Mischwald, tragen dazu bei.

Überregional anerkannt und landesweit erfolgreich sind die seit 25 Jahren vorbildlichen Aktivitäten der Gemeinde zum Erhalt des historischen Ortskerns. Der Amthof, ein ehemals klösterlicher Wirtschaftshof des Klosters Herrenalb, wird von Fachleuten im Land als die am besten erhaltene Anlage dieser Art in ganz Süddeutschland bezeichnet. In Oberderdingen ist recht früh erkannt worden, dass nur über eine dauerhafte Nutzung ein unter Denkmalschutz stehendes Gebäude langfristig erhalten werden kann.

So ist denn auch aus der Idee heraus die Konzeption entstanden, das Geburtshaus des ersten Oberderdinger Ehrenbürgers August Aschinger zu sanieren und die Lebensgeschichte der Ehrenbürger Aschinger, Blanc und Fischer mit der wirtschaftsgeschichtlichen Entwicklung der Gemeinde zu verbinden. Dazu ist die Chance genutzt worden, die gewerblich industrielle Struktur der Gemeinde sowie die erfolgreichen Unternehmen Aschinger in Berlin, E.G.O. und BLANCO in Oberderdingen zu präsentieren. Kultur braucht Räume! Mit der Einrichtung einer kommunalen Galerie für Wechselausstellungen in der zum Geburtshaus zugehörigen Scheune konnte die Einbindung des Aschingerhauses in das kulturelle Leben der Gemeinde erreicht werden.

Lust auf die Zukunft! So könnte man die Zielsetzung bezeichnen, welche die Gemeinde veranlasst, immer wieder gerade in und für den Erhalt der historischen Gebäude zu investieren. Die Kenntnis der Vergangenheit ist wichtig für die Bewältigung der Gegenwart und die Chancen der Zukunft. Bleibt zu wünschen, dass auch in der Zukunft Menschen wie ehedem die Aschingers, Heinrich Blanc und Karl Fischer eben diese Lust auf die Zukunft verspüren und durch Engagement, Kreativität und Unternehmergeist unsere Gemeinde in eine erfolgreiche Zukunft begleiten.

Chronologie

1871	Berlin wird Hauptstadt des Deutschen Kaiserreichs. Beginn des Baues der Ringbahn, die in ihrem nördlichen und südlichen Teil jeweils über 30 km lang ist.
1882	Die Berliner Stadtbahn wird mit einer Länge von über 14 Kilometern dem Verkehr übergeben. Sie verbindet die Stadt von Westen nach Osten. Werner von Siemens führt im gleichen Jahr den ersten durch elektrische Oberleitungen betriebenen Omnibus vor.
1892	Erstes Automobil in Berlin zugelassen.
1892, 1.9.	Eröffnung der ersten Bierquelle in der Neuen Rossstraße 4. Weitere Bierquellen folgen rasch.
1893	Eröffnung der ersten Zentrale Aschingers am Köllnischen Fischmarkt mit eigener Wurstfabrik.
1894	Erste Aschinger-Bäckerei in der Theaterstraße.
1894	Aschingers Bierquellen werden erstmals in Baedekers bekanntem Reiseführer erwähnt.
1895	Erste Berliner Straßenbahnstrecke Pankow-Gesundbrunnen.
1896	Das Dutzend ist voll: Konzession für die 12. Bierquelle in der Leipziger Straße 79.
1896	Große Berliner Gewerbeausstellung mit Beteiligung Aschingers.
1896	Neuer Zentralbetrieb „in den Stadtbahnbögen" eingerichtet.
Ende 1897	Eröffnung der 25. Bierquelle an der Ecke Chausseestraße/Elsasserstraße mit Vertretern der „gesamten Berliner Presse". Dieses Jubiläumslokal wurde als Jagdstube eingerichtet.
1898	Auftrag zur Elektrifizierung sämtlicher Stadtbahnstrecken Berlins vergeben.
1899	Erste Droschke mit Verbrennungsmotor verkehrt in der Hauptstadt.
1900, 1.4.	Umwandlung in „Aschinger's Bierquelle Actien-Gesellschaft". Das Unternehmen betreibt zu diesem Zeitpunkt 27 Bierquellen, zwei Restaurants und eine Konditorei. Hinzu kommen die Zentrale unter den Stadtbahnbögen, die Bäckerei in der Sophienstraße und das Bierlager in der Hagelsberger Straße.
1900, 28.4.	Eröffnung der zweiten Konditorei Aschingers, der rasch weitere folgen.
1900, Juni	Alle Maschinen in der Zentralküche und Wäscherei unter den Stadtbahnbögen werden mit Elektromotoren ausgestattet und an das Netz der Berliner Elektrizitätswerke angeschlossen.
1900, 1.10.	Ausbau der Bäckerei in der Sophienstraße 16, wo nach Anschaffung neuer Öfen auch die Konditorwaren hergestellt werden.
1900, 8.11.	28. Bierquelle eröffnet.
1901, 18.3.	Erste Generalversammlung der Aschinger's AG.

1901, Mai	Eröffnung der 29. Bierquelle gegenüber dem Stettiner Bahnhof.
1901, 16.11.	Eröffnung des vierstöckigen Restaurants in der Friedrichstraße 97, nachdem das Miethaus zuvor angekauft und umgebaut wurde.
1902, August	Bau einer vierstöckigen Zentrale in der Neuen Friedrichstraße 11, die auch der Verwaltung der AG als Sitz dient. In der Zentrale arbeiten 200 Menschen, insgesamt hat die Gesellschaft zu diesem Zeitpunkt 1.400 Mitarbeiter. Für 300 von ihnen stellt Aschinger Mietwohnungen zur Verfügung.
1902	Beginn des U-Bahn-Baus in Berlin.
1904	Die Berliner verzehren in diesem Jahr bei Aschinger zwei Millionen Paar Bierwürste.
1904	Zahlreiche, bisher angemietete Gebäude werden unter dem Eindruck der positiven Geschäftsentwicklung erworben.
1904, 1.10.	Bewirtschaftung der Ökonomie der Königlichen Technischen Hochschule Charlottenburg durch Aschinger.
1907, Feb.	Eröffnung des Weinhauses Rheingold in der Bellevuestraße am Potsdamer Platz.
1907, 6.2.	Namensänderung in „Aschinger's Aktien-Gesellschaft".
1907, 5.11.	Eröffnung des Luxushotels Fürstenhof am Potsdamer Platz.
1909, 5.5.	Carl Aschinger stirbt im Alter von 53 Jahren an einem Herzschlag.
1911, 28.1.	August Aschinger stirbt an den Folgen einer Lungenentzündung.
1912, März	Die neue Zentrale in der Saarbrücker Straße nimmt den Betrieb in vollem Umfang auf.
1912, 25.4.	Übernahme der Bewirtschaftung des Landesausstellungsparkes am Lehrter Bahnhof.
1913, 8.10.	31. Quelle mit warmer Küche am Blücherplatz 2 eröffnet.
1914–1918	Erster Weltkrieg.
1916, Dez.	Aschinger übernimmt das Palast-Hotel am Potsdamer Platz.
1919, 1.10.	Fritz Aschinger, Sohn von August Aschinger, wird Vorstandsmitglied der Aktiengesellschaft.
1923	Hyperinflation.
1924	Übernahme der Berliner Hotelgesellschaft durch Aschinger.
1926, 1.8.	Aschinger erwirbt die Aktienmehrheit an der Hotelbetriebs AG.
1927, 28.3.	Fusion der beiden Hotelgesellschaften.
1928–1932	Die finanzielle Krise des Konzerns aufgrund des Engagements in der Hotelbranche verschärft sich durch die allgemeine Wirtschaftskrise dramatisch.
1930	Kartellartige Absprachen zwischen Kempinski und Aschinger im Hinblick auf Belieferungen und Preise.
1933	Paul Spethmann tritt in die Geschäftsführung ein und beginnt mit der Sanierung des Konzerns. Der bisher maßgebliche Vorstand Hans Lohnert wechselt in den Aufsichtsrat.
1936	Die Olympiade in der Reichshauptstadt bringt auch für Aschinger erhebliche Umsatzsteigerungen.

Chronologie 151

1937, 30.6.	Der „Arisierungsvertrag" zur Übernahme Kempinskis tritt in Kraft.
1939–1945	Zweiter Weltkrieg.
1941, 26.7.	Erwerb der Weinstube F. W. Borchardt durch Aschinger. Übertragung des Namens auf die Kempinski GmbH, da jüdische Firmennamen nicht mehr geführt werden dürfen.
1943	Verkauf des Weinhauses Rheingold an die Reichspost.
1943–1945	Durch die alliierten Bombenangriffe verliert Aschinger die meisten Bierquellen und Konditoreien sowie das Hotel Fürstenhof und das Haus Vaterland.
1945, 2.5.	Berlin kapituliert vor der Roten Armee.
1947	Beschlagnahmung des Vermögens der Aschinger's AG im Ostteil der Stadt, darunter befindet sich auch der Zentralbetrieb.
1949	Nach der Enteignung des Konzerns in Ost-Berlin nimmt sich Fritz Aschinger gemeinsam mit seiner Schwester Elisabeth das Leben. Im Westteil der Stadt versucht die Aschinger's AG unter Leitung von Paul Spethmann einen Neuanfang, kann jedoch die frühere Bedeutung aufgrund der ungünstigen Rahmenbedingungen bei weitem nicht mehr erreichen.
1950	Einigung mit den Erben Kempinskis über die Zusammenarbeit der beiden Unternehmen. Am Kurfürstendamm entsteht das große Hotel Kempinski.

Anmerkungen

1   Seinen Vornamen hat Carl Aschinger wohl erst in den Berliner Jahren mit „C" geschrieben. Die aus den Kirchenbüchern bekannte Schreibweise war das übliche „Karl".
2   Beschreibung des Oberamts Maulbronn (1870), S. 192.
3   Wir folgen der Schilderung in der Ortschronik, Brandauer (1966), S. 247ff.
4   Gemeinderatsprotokoll vom 9.1.1908.
5   Straube's Illustrierter Führer durch Berlin (1896), S. 11.
6   Straube (1896), S. 74.
7   Metzger/Dunker (1986), S. 34.
8   Zentralblatt 1907, S. 337.
9   Jeiter (1925), Anhang (Tab. 7).
10 Tappe (1987), S. 220.
11 Berliner Illustrirte Zeitung 1895, S. 3f.
12 Schufftan (1903), S. 54f.
13 Fechner (1925), S. 182ff.
14 Bernhagen (1987), S. 48.
15 Zitiert nach Böhm/Gösswald (1989), S. 132.
16 www.absinthe-order.de, vgl. zur Restaurantgeschichte auch die Internetseite www.abseits.de/restaurant_geschichte.htm.
17 Rauers (1941), S. 1132.
18 Allen (2002), S. 46f.
19 Landesarchiv Berlin, A Rep. 225, Nr. 1318.
20 Landesarchiv Berlin, A Rep. 225, Nr. 1318.
21 Stadtarchiv Berlin, A Rep. 225, Nr. 889 (Kölnische Volkszeitung vom 6.2.1911).
22 Stadtarchiv Berlin, A Rep. 225, Nr. 648. Der Artikel erschien am 11.5.1909 anlässlich des Todes von Carl Aschinger.
23 Landesarchiv Berlin, A Rep. 225, Nr. 889. Der Artikel (29.1.1911) nennt „Duval in Paris" als Vorbild für das Aschinger-Konzept „Gastwirt des Volkes". Nähere Hinweise gibt Rauters (1941) für London. Eine umfassende Untersuchung zur frühen Geschichte der Schnellgastronomie steht noch aus.
24 Die „groben Unterschiede" des Genießens bei der Nahrungsaufnahme hat Scharfe (1986) schön herausgearbeitet.
25 Landesarchiv Berlin, A Rep. 225, Nr. 165.
26 Deutsche Gastwirthe-Zeitung 1897, S. 387.
27 Ebd., S. 579. Nähere Hinweise zur Gesellschaft der „Glocke" konnten nicht gefunden werden.
28 Deutsche Gastwirthe-Zeitung 1898, S. 255.
29 Allen (2002), S. 98f.
30 Landesarchiv Berlin, A Rep. 225, Nr. 1318. Eine Quellenangabe zu dem Zeitungsausschnitt fehlt leider.
31 Allen (2002), S. 97ff.
32 Bernhagen (1987), S. 57.
33 Landesarchiv Berlin A Rep. 225, Nr. 680.
34 Landesarchiv Berlin A Rep. 225, Nr. 520. Beim patentierten Bierabstreifer zeigt sich im Detail der Sauberkeits- und Hygieneanspruch, auf den bei Aschinger so viel Wert gelegt wurde: Am Stiel

befand sich ein Ring, damit die eigentliche Bierabstreiffläche nicht mit dem Tisch in Berührung kam, wenn der Bierzapfer das Gerät ablegte.

35 Vgl. zum Folgenden: Müller/Zschaler (1996).
36 So das Progaganda-Bureau der Gewerbeausstellung, zitiert nach Crome (1996), S. 84.
37 Dittrich (1996), S. 72.
38 Berliner Gewerbe-Ausstellung [1896], S. 156f.
39 Landesarchiv Berlin, A Rep. 225, Nr. 1318.
40 Berliner Gewerbe-Ausstellung [1896], S. 225.
41 Klein (2003), S. V.
42 Zeitungsartikel ohne Quellenangabe in: Landesarchiv Berlin, A Rep. 225, Nr. 1318. Der Artikel ist auch – mit einigen Ungenauigkeiten – bei Jeiter (1925) abgedruckt.
43 Brandenburgia 1901, S. 66.
44 Vossische Zeitung (Beilage) 1904.
45 Brandenburgia 1914.
46 Landesarchiv Berlin, A Rep. 225, Nr. 1.
47 Andere Wirte wollten offensichtlich den zugkräftigen Namen Aschinger für sich nutzen. So wissen wir von einem Lokal in Lübeck, das Anfang des 20. Jahrhunderts Postkarten mit der Aufschrift „Bierquelle à la Aschinger" drucken ließ.
48 Vgl. zu den Geschäftsberichten Landesarchiv Berlin, A Rep. 225, Nr. 634.
49 Zentralblatt der Bauverwaltung 1907, S. 200. Tietz mit Stammsitz am Alexanderplatz war Begründer der späteren Kaufhauskette Hertie.
50 Bruno Schmitz (1858–1916) war einer der bekanntesten Architekten des Deutschen Kaiserreichs. Sein zeitgenössischer Biograph Hans Schliepmann bezeichnete ihn als „Deutschlands größten Denkmalbauer". Von Schmitz stammten u.a. das Kyffhäuser-Denkmal (1896 vollendet) und das Völkerschlachtdenkmal in Leipzig (1913). Er baute auch den Mannheimer „Rosengarten", dem als Konzert- und Veranstaltungshaus ein ähnliches Nutzungskonzept wie dem Rheingold zu Grunde lag. Die Brüder Aschinger und Bruno Schmitz haben sich vermutlich bei der Berliner Gewerbeausstellung 1896 persönlich kennen gelernt, da Schmitz auch hier an der Planung u.a. des großen Restaurationsgebäudes beteiligt war.
51 Deutsche Bau-Zeitung 1907, S. 121.
52 Rapsilber (1900/1901), S. 5.
53 Müller (1990), S. 30.
54 So Architekt Bruno Schmitz in seiner Baubeschreibung vom Juni 1905 (Landesarchiv Berlin, A Rep. 225, Nr. 250).
55 Deutsche Bau-Zeitung 1907, S. 110.
56 Hans Schliepmann in „Deutsche Kunst und Dekoration" (1907). In diesen und anderen Formulierungen scheint natürlich auch die Bewunderung des Biographen Schliepmann für den Architekten Bruno Schmitz durch. Doch er war nicht alleine: Das Rheingold sei aus „schöpferischer Urkraft geboren", „kerndeutsch" in seiner ganzen Art, so die „Tägliche Rundschau" (Unterhaltungsbeilage) vom 12. Februar 1907.
57 E. Carlotta in: Vierte Beilage zur Vossischen Zeitung (Nr. 1/1907), zitiert nach der Ausgabe im Landesarchiv Berlin.
58 Deutsche Bau-Zeitung 1907, S. 270.
59 Schmitz, Baubeschreibung, Landesarchiv Berlin, A Rep. 225, Nr. 250.
60 Zentralblatt der Bauverwaltung 1907, S. 200.
61 Ebd., S. 211.

62 Frank Metzner arbeitete häufig mit dem Architekten Schmitz zusammen, etwa beim Leipziger Völkerschlachtdenkmal. Als (heute fast vergessenen) Wegbereiter der Moderne bezeichnet ihn Jenny Schon (1999).
63 Huret (1997), S. 76f.
64 Landesarchiv Berlin, A Rep. 225, Nr. 1105.
65 Deutsche Gastwirthe-Zeitung vom 8. Mai 1909, in: Landesarchiv Berlin, A Rep. 225, Nr. 648.
66 Landesarchiv Berlin, A Rep. 225, Nr. 397.
67 Landesarchiv Berlin, A Rep. 225, Nr. 383. Im Protokollentwurf ist der zitierte Halbsatz wieder durchgestrichen. So deutlich wollte man die Abneigung gegen das Rheingold doch nicht dokumentiert sehen.
68 Landesarchiv Berlin, A Rep. 225, Nr. 473.
69 Landesarchiv Berlin, A Rep. 225, Nr. 612.
70 Landesarchiv Berlin, A Rep. 225, Nr. 503.
71 Wir folgen dem Zentralblatt der Bauverwaltung 1907, S. 601ff.
72 Zentralblatt der Bauverwaltung 1906, S. 2f.
73 Bernhagen/Schlottke (o.J.), S. 35.
74 Landesarchiv Berlin, A Rep. 225, Nr. 613.
75 Nachrufe zu Carl Aschinger in: Landesarchiv Berlin, A Rep. 225, Nr. 648 und zu August Aschinger in Nr. 889.
76 Scholz (1984), S. 93.
77 Landesarchiv Berlin, A Rep. 225, Nr. 437.
78 Klein (2003), S. VI. Wir verweisen auch zum Folgenden auf diese übersichtliche Darstellung.
79 Protokolle des Aufsichtsrates in: Landesarchiv Berlin, A Rep. 225, Nr. 383.
80 Landesarchiv Berlin, A Rep. 225, Nr. 121.
81 Lohnert betätigte sich fortan auch als Wohltäter für seine Heimatstadt Fürth, die ihn zum Ehrenbürger machte. Er veranstaltete Jugendsportfeste, verteilte Aschinger-Würstchen und hielt vor der versammelten Teilnehmerschar flammende Reden auf den Führer. Ein Beispiel aus seiner Ansprache vom Mai 1939 muss genügen: „Ihr Jungen und Mädel [...] Ihr wisst – Gott sei Dank! – nichts mehr von jenen Zeiten der Schande und der Bedrängnis [...] Nein, Ihr sollt glücklich sein, in dem neuen Deutschland Adolf Hitlers leben zu dürfen, glücklich sein, das alles als selbstverständlich erleben zu dürfen, was dieses neue Deutschland, was das vom Führer geschaffene und zu stolzer Macht und Größe emporgeführte Dritte Reich gerade der Jugend gibt! Für Euch, Jungen, hat ein Platz wie dieser ja seinen wahren Sinn erst, seitdem Ihr wisst, daß das, wozu er Euch die vielfältigen Möglichkeiten bietet, doch nur dem großen Ziele der Wehrhaftmachung unseres Volkes dient, seitdem Ihr wisst, daß alle Eure Spiele und friedlichen Kämpfe nur frühe Vorbereitung auf jenen Dienst an der Nation sind, die Ihr dereinst in der vom Führer neu geschaffenen Wehrmacht im Ehrenkleid des Soldaten leisten werdet." Die Mädels bereiteten sich entsprechend auf die „hohen Aufgaben" vor, „die das nationalsozialistische Deutschland seinen Frauen und Müttern zuweist!" (Landesarchiv Berlin, A Rep. 225, Nr. 35). Der Fürther Sportplatz ist heute noch nach Lohnert benannt.
82 Landesarchiv Berlin, A Rep. 225, Nr. 380. Bankdirektor Harter scheint auch eine Art Verbindungsmann zur NSDAP gewesen zu sein. Über ihn erfuhr der Vorstand schon im August 1933, wer aus Sicht der Partei im Aufsichtsrat der AG nicht mehr tragbar war. Die Forderung nach Abberufung einzelner Aufsichtsräte wurde von offenen Drohungen begleitet. Fritz Aschinger musste sich gegen den Verdacht wehren, er hätte bei der Besetzung des Aufsichtsrates „jüdischen Interessen" gedient.

83 Vgl. Pracht (1994), S. 20ff.
84 Die Geschichte von M. Kempinski & Co. sowie deren Übernahme durch Aschinger ist von Elfi Pracht (1994) vorbildlich aufgearbeitet worden.
85 Klein (2003), S. X.
86 Harry Damrow verhalf Spethmann nach dem Krieg zur Entnazifizierung – „mit gutem Gewissen", wie er schreibt. Damrow (1981), S. 60. Dagegen wissen wir von Pracht (1994), S. 146, dass sowohl Spethmann als auch Fritz Aschinger Mitglieder der NSDAP und als Vorstände für die Beschäftigung von Zwangsarbeitern und jüdischen Frauen in den Aschinger-Betrieben verantwortlich waren. Spethmanns Entnazifizierung sei nur „mit viel Mühe" gelungen.
87 Damrow (1981), S. 26. Einige Herren der Aschinger-Führung fanden die Onkel-Otto-Kampagne zu flach, wie Damrow anmerkt. Doch der Erfolg ließ die zaghafte Kritik verstummen. Damrow hatte die Gunst des mächtigsten Mannes, Generaldirektor Paul Spethmann, gewonnen.
88 Was ist los in Berlin?, hrsg. von der Aschinger's AG, Berlin 1936, S. 16. Die Texte der Broschüre hat Harry Damrow geschrieben.
89 Landesarchiv Berlin, A Rep. 225, Nr. 1377.
90 Landesarchiv Berlin, A Rep. 225, Nr. 1201.
91 Landesarchiv Berlin, A Rep. 225, Nr. 613.
92 Vgl. Pracht (1994), S. 117.
93 Dieser und weitere zitierte Artikel in: Landesarchiv Berlin, A Rep. 225, Nr. 612.
94 Vgl. etwa: Berlin 1945 (1995).
95 Nicht nachvollziehbar ist anhand der Quellenlage die Einschätzung von Allen (2000): „Als die Rote Armee im Mai 1945 in die Stadt kam, war das Aschinger-Imperium, abgesehen von ein paar Bombentreffern in wenigen Schnellrestaurants und Hotels, völlig intakt." Die Formulierung „in wenigen Hotels" ist zudem irreführend, denn nach der Trennung von der Hotelbetriebs AG war Aschinger kein Hotelkonzern mehr. Der Verlust des stets florierenden „Fürstenhof" musste deshalb um so schmerzlicher sein.
96 Landesarchiv Berlin, A Rep. 225, Nr. 1257.
97 Pracht (1994), S. 122. Das Kempinski-Stammhaus in der Leipziger Straße wurde bereits am 23.11.1943 durch Brandbomben vollständig zerstört.
98 Landesarchiv Berlin, A Rep. 225, Nr. 524.
99 Pracht (1994), S. 147.
100 Klein (2003), S. XI.
101 Benutzte Quellen zur Familiengeschichte: Kirchenbücher von Knittlingen und Oberderdingen, Ortssippenbuch Diefenbach, Gemeindearchiv Oberderdingen, hier: Inventuren und Teilungen, Pflegschaftsakten, Gemeinderatsprotokolle, Staatsarchiv Ludwigsburg: Finanzkammerprotokoll, (StAL E 228 Bd 112), Zlatka Stgr. Kermektschiewa, Lebensrückblick (1972).
102 Crowell (2002). Die nachfolgenden Zitate sind seinem Bericht entnommen.
103 Fahrbach-Dreher (2002), S. 207.
104 Weindel (2002), S. 203f.
105 Die Texte des Museums hat Sylvia von Bukow erarbeitet, die historische Grundlagenarbeit leistete Johannes Goldschmit.

Quellen und Literatur

1. Quellen

a) Archivalien

GEMEINDEARCHIV OBERDERDINGEN, Gemeinderatsprotokolle 1908 bis 1910
LANDESARCHIV BERLIN, Bestandsgruppe A Rep. 225: Aschinger's Aktien-Gesellschaft

b) Zeitgenössische Quellen

ASCHINGER-PROGRAMM August 1936, Berlin 1936
BERLINER GEWERBE-AUSSTELLUNG 1896. Amtlicher Führer. Mit Übersichtskarte der Ausstellung, Berlin o.J. [1896]
BERLINER ILLUSTRIRTE ZEITUNG – Berliner Kneipen, Nr. 1/6.1.1895 (IV. Jg.), S. 3–5 – Berliner Küchen, Nr. 34/26.8.1900 (IX. Jg.), S. 534–535 – Die grosse Berliner Centralküche, Nr. 51/3.12.1900 (IX. Jg.), S. 805–806
BESCHREIBUNG DES OBERAMTS MAULBRONN, hrsg. von dem königlichen statistisch-topographischen Bureau, Stuttgart 1870 (Faksimile dieser Ausgabe: Magstadt 1974)
BRANDENBURGIA. Monatsblatt der Gesellschaft für Heimatkunde der Provinz Brandenburg zu Berlin – Besichtigung der Aschingerschen Centrale in den Stadtbahnbogen, Straße an der Stadtbahn, IX. Jg., Berlin 1901, S. 65–67 – (Bericht von der Eröffnung des Hotel Fürstenhof), XVI. Jg., Berlin 1907/08, S. 448–451 – Besichtigung der Centralbetriebsstelle von Aschinger's Aktiengesellschaft, XXII. Jg., Berlin 1914, S. 81–86
DEUTSCHE BAU-ZEITUNG. Organ des Verbandes Deutscher Architekten- u. Ingenieur-Vereine, Der Neubau des Weinhauses „Rheingold" der Aktien-Gesellschaft Aschinger in der Bellevue- und der Potsdamer Straße zu Berlin, 41. Jahrgang (1907), No. 13, 16, 18, 37, 38, 39
DER DEUTSCHE GASTWIRTH, Darmstadt 1893ff
DEUTSCHE GASTWIRTHE-ZEITUNG. Organ für die Interessen der Deutschen Gastwirthe. Offizielles Organ des Vereins Berliner Restaurateure, Gastwirths-Vereins der Schönhauser Vorstadt und des Vereins der Berliner Bier-Verleger, Jge. 1890, 1891, 1897, 1898
DEUTSCHE KUNST UND DEKORATION. Illustrierte Monatshefte für moderne Malerei, Plastik, Architektur, Wohnungskunst und künstlerische Frauenarbeit, Darmstadt April–September 1907, „Rheingold" (von Hans Schliepmann), S. 1–60
ERNST, L., Automatische Restaurationen, in: Die Umschau, Frankfurt a. M. (VII. Jg.) 1903, S. 831–833)
ILLUSTRIRTE ZEITUNG, Panorama der Schlacht bei Sedan in Berlin, 30.8.1894, S. 209f.
INTERNATIONALE KONFERENZ DER HOTEL-, RESTAURANT- UND CAFÉ-ANGESTELLTEN, Berlin 17.–20. Mai 1908, hrsg. vom Verband deutscher Gastwirtsgehilfen, Berlin 1908
TÄGLICHE RUNDSCHAU, Unterhaltungsbeilage, Nr. 36 vom 12. Februar 1907
VOSSISCHE ZEITUNG, Vierte Beilage, „Berliner Spaziergänge" Nr. IV vom 12. Februar 1904, Nr. LXXXIV vom 1. Januar 1907, Nr. LXXXVII vom 7. Februar 1907
ZENTRALBLATT DER BAUVERWALTUNG, hrsg. im Ministerium der öffentlichen Arbeiten, Berlin. XXVI. Jg. (1906), XXVII. Jg. (1907).

c) Stadtführer

BAEDEKER, Karl, Berlin und Umgebung. Handbuch für Reisende, Leipzig 1878ff.
STRAUBE, Jul., Straube's Illustrierter Führer durch Berlin, Potsdam und Umgebung. Praktisches Reisehandbuch mit 63 Abb., 19 Karten, Skizzen und Plänen, 14. Aufl., Berlin (1896)
WAS IST LOS IN BERLIN? hrsg. von der Aschinger's AG, Berlin 1936

d) Internetportale zur Geschichte Berlins

http://www.diegeschichteberlins.de
http://www.luise-berlin.de

2. Literatur

ALLEN, Keith R., Der Untergang des Hauses Aschinger, in: FAZ vom 18.10.2000, Nr. 242
DERS., Hungrige Metropole. Essen, Wohlfahrt und Kommerz in Berlin, Hamburg 2002
ASCHENBRENNER, Hans, 18. Juni 1949. Bei Aschinger – fast wie früher, in: Berlinische Monatsschrift, Heft 6/1999, S. 82–85
BECKER, Sabina, Urbanität und Moderne. Studien zur Großstadtwahrnehmung in der deutschen Literatur 1900–1930, St. Ingbert 1993
BERLIN 1945. Eine Dokumentation, hrsg. von Reinhard Rürup, Berlin 1995
BERNHAGEN, Wolfgang, Bier- und Kaffeegärten sowie Schnellgastronomie im alten Berlin, Berlin 1987
BERNHAGEN, Wolfgang/SCHLOTTKE, Heinz, Vom Gasthof zum Luxushotel. Ein Streifzug durch die Berliner Hotelgeschichte – Von den Anfängen bis zur Gegenwart, Berlin o.J.
BÖHM, Tobias/GÖSSWALD, Udo (Hrsg.), Anfänge der Arbeiterfreizeit. Eine Ausstellung der Deutschen Demokratischen Republik. Veranstaltet vom Märkischen Museum, Museum „Berliner Arbeiterleben um 1900" im Emil-Fischer-Heimatmuseum Neukölln, Berlin 1989
BORCHARDT, Felix, Das Gast- und Schankgewerbe in Vergangenheit und Gegenwart, Diss. Greifswald, Greifswald 1901
BOURDIEU, Pierre, Die feinen Unterschiede. Kritik der gesellschaftlichen Urteilskraft, Frankfurt a. M. 1982
BORSCHEID, Peter, Zeit und Raum. Von der Beschleunigung des Lebens, in: Geschichte der deutschen Wirtschaft im 20. Jahrhundert, hrsg. von Reinhard SPREE, München 2001, S. 23–49
BRANDAUER, Gustav, Aus unserer Heimat Oberderdingen. Zum 1200. Geburtstag der Gemeinde, hrsg. von der Gemeindeverwaltung, Oberderdingen 1966
BROST, Harald, DEMPS, Laurenz, Berlin wird Weltstadt, Stuttgart u.a. 1981
BRUNE-BERNS, Silke, Im Lichte der Großstadt – Werbung als Signum einer urbanen Welt, in: Peter BORSCHEID, Clemens WISCHERMANN (Hrsg.), Bilderwelt des Alltags. Werbung in der Konsumgesellschaft des 19. und 20. Jahrhunderts. Festschrift für Hans Jürgen Teuteberg, Stuttgart 1995, S. 90–115
BUCHHEIM, Christoph, Von altem Geld zu neuem Geld. Währungsreformen im 20. Jahrhundert, in: Geschichte der deutschen Wirtschaft im 20. Jahrhundert, hrsg. von Reinhard SPREE, München 2001, S. 141–156
CROME, Petra, Public relations und die Berliner Gewerbeausstellung 1896, in: Die verhinderte Weltausstellung (1996), S. 83–95
CROWELL, Robert, Aus der bauhistorischen Aufnahme des Aschingerhauses, in: Aschingerhaus Oberderdingen, hrsg. vom Heimatkreis Oberderdingen (=Rundbrief Heft 24), Oberderdingen 2002, S. 196–202
DAMROW, Harry, Ich war kein geheimer Verführer. Aus dem Leben eines Werbeleiters, Rheinzabern 1981
DEHNE, Harald, „Das Essen wird also auch ‚ambulando' eingenommen". Das belegte Brot und andere schnelle Kostformen für Berliner Arbeiterinnen und ihre Kinder im Kaiserreich, in: Martin SCHAFFNER (Hrsg.), Brot, Brei und was dazugehört. Über sozialen Sinn und physiologischen Wert der Nahrung, Zürich 1992, S. 105–123

DITTRICH, Elke, Märchenschloss und Eisenhalle. Die Architektur der Berliner Gewerbeausstellung 1896, in: Die verhinderte Weltausstellung (1996), S. 57–74

DRUMMER, Christian, Das sich ausbreitende Restaurant in deutschen Großstädten als Ausdruck bürgerlichen Repräsentationsstrebens 1870–1930, in: Essen und kulturelle Identität. Europäische Perspektiven (= Kulturthema Essen, Bd. 2), hrsg. v. Hans Jürgen TEUTEBERG, Gerhard NEUMANN u. Alois WIERLACHER, Berlin 1997, S. 303–321

ELLERBROCK, Karl-Peter, Lebensmittelqualität vor dem Ersten Weltkrieg: Industrielle Produktion und staatliche Gesundheitspolitik, in: Hans Jürgen TEUTEBERG (Hrsg.), Durchbruch zum modernen Massenkonsum. Lebensmittelmärkte und Lebensmittelqualität im Städtewachstum des Industriezeitalters, Münster 1987, S. 127–188

FAHRBACH-DREHER, Ute, Aschingerhaus, in: Aschingerhaus Oberderdingen, hrsg. vom Heimatkreis Oberderdingen (=Rundbrief Heft 24), Oberderdingen 2002, S. 207f.

FECHNER, Hanns, Der Spreehanns, Berlin o. J. [1925]

DERS., Mein liebes altes Berlin. Neue Spreehannsgeschichten, Berlin o. J.

GEBAUER, Gunter, Ausdruck und Einbildung. Zur symbolischen Funktion des Körpers, in: Die Wiederkehr des Körpers, hrsg. von Dietmar KAMPER und Christoph WULF, Frankfurt a. M. 1982, S. 313–329

GLATZER, Ruth, Das Wilhelminische Berlin. Panorama einer Metropole 1890–1918, Berlin 1997

GOLDSCHMIT, Johannes, Aschinger, unveröffentlichtes Manuskript, Oberderdingen 2003

GRÜTTNER, Michael, Alkoholkonsum in der Arbeiterschaft 1871–1939, in: Haushalt und Verbrauch in historischer Perspektive. Zum Wandel des privaten Verbrauchs in Deutschland im 19. und 20. Jahrhundert, hrsg. von Toni PIERENKEMPER, St. Katharinen 1987, S.229–273

HINSBERG, Frieda, Rechtliche, wirtschaftliche und soziale Lage des weiblichen Bedienungspersonals in Gast- und Schankwirtschaften, mit besonderer Berücksichtigung der württembergischen Verhältnisse, Tübingen (Diss.) 1923

HURET, Jules, Berlin um Neunzehnhundert, Berlin 1997 (Nachdruck der Erstausgabe von 1909)

JEITER, Hermann, Das Berliner Wirtsgewerbe vor dem Kriege, Tübingen (Diss.) o. J. [ca. 1925]

KIßKALT, Karl, Untersuchungen über das Mittagessen in verschiedenen Wirtschaften Berlins, in: Archiv für Hygiene, 66. Band, München und Berlin 1908, S. 244–271

KLEIN, Michael, Aschinger-Konzern. Bestandsgruppe A Rep. 225, Berlin 2003 (= Findbücher. Hrsg. vom Landesarchiv Berlin), <http://www.landesarchiv-berlin.de/php-bestand/arep225-pdf/arep225.pdf>

KÖSTER, Baldur, Berliner Gaststätten von der Jahrhundertwende bis zum Ersten Weltkrieg, Berlin (Diss.) 1964

KÖSTLIN, Konrad, Der Eintopf der Deutschen. Das Zusammengekochte als Kultessen, in: Tübinger Beiträge zur Volkskultur, hrsg. von Utz JEGGLE u.a., Tübingen 1986, S. 220–241

KRUPPA, Karl-Michael, Aschinger – das Ende einer Berliner Gastronomie-Ära, in: HP-Magazin für historische Wertpapiere, Nr. 9/1993 (13. Jahrgang), S. 12–13

LAER, Hermann von, Die Haushaltsführung von Maschinenbauarbeiter- und Textilarbeiterfamilien in der Zeit bis zum Ersten Weltkrieg, in: Haushalt und Verbrauch in historischer Perspektive. Zum Wandel des privaten Verbrauchs in Deutschland im 19. und 20. Jahrhundert, hrsg. von Toni PIERENKEMPER, St. Katharinen 1987, S. 152–184

LANGE, Annemarie, Berlin zur Zeit Bebels und Bismarcks. Zwischen Reichsgründung und Jahrhundertwende, 2. durchges. Aufl., Berlin 1976

DIES., Das Wilhelminische Berlin. Zwischen Jahrhundertwende und Novemberrevolution, Berlin 1976

DIES., Annemarie, Berlin in der Weimarer Republik, Berlin 1987

MATTENKLOTT, Gert, Das gefräßige Auge, in: Die Wiederkehr des Körpers, hrsg. von Dietmar KAMPER und Christoph WULF, Frankfurt a. M. 1982, S. 224–240

METZGER, Karl-Heinz, DUNKER, Ulrich, Der Kurfürstendamm. Leben und Mythos des Boulevards in 100 Jahren deutscher Geschichte, Berlin 1986

MODROW, Hans O., Berlin 1900. Querschnitt durch die Entwicklung einer Stadt um die Jahrhundertwende, Berlin 1936

MÜHLBERG, Dietrich, Proletarisches Freizeitverhalten und seine öffentlichen Einrichtungen im Deutschland der Jahrhundertwende, in: Mitteilungen aus der kulturwissenschaftlichen Forschung Nr. 9. Materialien des IX. Kulturtheoretischen Kolloquiums „Kulturgeschichtliche Probleme proletarischer Lebensweise" am 26. und 27. November 1980 an der Humboldt-Universität Berlin, Berlin (Ost) 1981, S. 123–152

MÜLLER, Arthur, Die soziale Lage des gastwirtschaftlichen Bedienungspersonals, Leipzig 1928

MÜLLER, Jörg, Der Potsdamer Platz in Berlin. Zur Geschichte eines zentralen Platzes, Berlin 1990 (=Arbeitshefte des Instituts für Stadt- und Regionalplanung Technische Universität Berlin, Reihe Planungsgeschichte, Heft 40)

MÜLLER, Uwe/ZSCHALER, Frank, Die Berliner Wirtschaft 1896, in: Die verhinderte Weltausstellung (1996), S. 29–47.

NIPPERDEY, Thomas, Deutsche Geschichte 1866–1918, Bd. 1: Arbeitswelt und Bürgerwelt, Sonderausgabe, München 1990

OSBORN, Max, Berlins Aufstieg zur Weltstadt, Berlin 1929

PIETSCH, Ludwig, Rundgang durch den Kaiser-Keller, Berlin o. J. [1900/01]

POETZSCH, Hugo, Geschichte des Zentralverbandes der Hotel-, Restaurant- und Caféangestellten. Bearbeitet im Auftrage der Hauptverwaltung, Berlin 1928

PRACHT, Elfi, M. Kempinski & Co., Berlin 1994

RACHEL, Hugo, Das Berliner Wirtschaftsleben im Zeitalter des Frühkapitalismus, Berlin 1931

RAPSILBER, Maximilian, Der Kaiser-Keller, Berlin o. J. [1900/01]

RAUERS, Friedrich, Kulturgeschichte der Gaststätte, 2 Teile, Berlin 1941

REINHARDT, Dirk, Beten oder Bummeln? Der Kampf um die Schaufensterfreiheit, in: Peter BORSCHEID, Clemens WISCHERMANN (Hrsg.), Bilderwelt des Alltags. Werbung in der Konsumgesellschaft des 19. und 20. Jahrhunderts. Festschrift für Hans Jürgen Teuteberg, Stuttgart 1995, S. 116–125

ROERKOHL, Anne, Die Lebensmittelversorgung während des Ersten Weltkrieges im Spannungsfeld kommunaler und staatlicher Maßnahmen, in: Hans Jürgen TEUTEBERG (Hrsg.), Durchbruch zum modernen Massenkonsum. Lebensmittelmärkte und Lebensmittelqualität im Städtewachstum des Industriezeitalters, Münster 1987, S. 309–370

RUMPELSTILZCHEN, „Ja hätt'ste ...", Berlin 1928/29

RUBNER, Max, Das „belegte Brot" und seine Bedeutung für die Volksernährung, in: Archiv für Hygiene, Bd. 81, München und Berlin 1913, S. 260–271

SCHARFE, Martin, Die groben Unterschiede. Not und Sinnesorganisation: Zur historisch-gesellschaftlichen Relativierung des Genießens, in: Tübinger Beiträge zur Volkskultur, hrsg. von Utz JEGGLE u.a., Tübingen 1986, S. 13–28

SCHMITT, Eduard, Schankstätten und Speisewirtschaften, Kaffeehäuser und Restaurants (Handbuch der Architektur, 4. Teil, 4. Halbband, 1. Heft), Stuttgart 1904

SCHOLZ, Robert, Ein unruhiges Jahrzehnt: Lebensmittelunruhen, Massenstreiks und Arbeitslosenkrawalle in Berlin 1914–1923, in: Manfred GAILUS (Hrsg.), Pöbelexzesse und Volkstumulte in Berlin, Zur Sozialgeschichte der Straße (1830–1980), Berlin 1984, S. 79–123

SCHON, Jenny, Ein fast vergessener Moderner. Dem Bildhauer Franz Metzner zum 80. Todestag, in: Berlinische Monatsschrift 1999, S. 95–99, <http_//ww.berlinische-monatsschrift.de/bms/bmstxt99/9907gesc.htm>

SCHUFFTAN, Georg, Studien über die gewerbliche Entwicklung des Gast- und Schankwirtswesens in Deutschland, Diss. Heidelberg, Breslau 1903

SIMMEL, Georg, Die Gross-Städte und das Geistesleben, in: DERS., Das Individuum und die Freiheit. Essais, Frankfurt a. M. 1993

SPIEKERMANN, Uwe, Nahrung und Ernährung im Industriezeitalter. Ein Rückblick auf 25 Jahre historisch-ethnologischer Ernährungsforschung (1972–1996), >http://www.bfa-ernaehrung.de/BfeDeutsch/Information/rbericht/BERSPI35.pdf>

DERS., Rezension zu: ALLEN, Keith: Hungrige Metropole. Essen, Wohlfahrt und Kommerz in Berlin. Hamburg 2002. In: H-Soz-u-Kult, 10.02.2003, <http://hsozkult.geschichte.hu-berlin.de/rezensionen/NG-2003-1-077>

DERS, Elitenkampf um die Werbung. Staat, Heimatschutz und Reklameindustrie im frühen 20. Jahrhundert, in: Peter BORSCHEID, Clemens WISCHERMANN (Hrsg.), Bilderwelt des Alltags. Werbung in der Konsumgesellschaft des 19. und 20. Jahrhunderts. Festschrift für Hans Jürgen Teuteberg, Stuttgart 1995, S. 126–149

SPREE, Reinhard, Klassen- und Schichtbildung im Spiegel des Konsumverhaltens individueller Haushalte in Deutschland zu Beginn des 20. Jahrhunderts. Eine clusteranalytische Untersuchung, in: Haushalt und Verbrauch in historischer Perspektive. Zum Wandel des privaten Verbrauchs in Deutschland im 19. und 20. Jahrhundert, hrsg. von Toni PIERENKEMPER, St. Katharinen 1987, S. 56–80

TAPPE, Heinrich, Der Kampf gegen den Alkoholmissbrauch als Aufgabe bürgerlicher Mäßigungsbewegung und staatlich-kommunaler Verwaltung, in: Hans Jürgen TEUTEBERG (Hrsg.), Durchbruch zum modernen Massenkonsum. Lebensmittelmärkte und Lebensmittelqualität im Städtewachstum des Industriezeitalters, Münster 1987, S. 189–236

TEUTEBERG, Hans Jürgen, Studien zur Volksernährung unter sozial- und wirtschaftsgeschichtlichen Aspekten, in: DERS., WEIGELMANN, Günter, Der Wandel der Nahrungsgewohnheiten unter dem Einfluss der Industrialisierung, Göttingen 1972, Teil 1

TRIEBEL, Armin, Soziale Unterschiede beim Konsum im 1. Weltkrieg und danach – Bruch mit der Vergangenheit?, in: Haushalt und Verbrauch in historischer Perspektive. Zum Wandel des privaten Verbrauchs in Deutschland im 19. und 20. Jahrhundert, hrsg. von Toni PIERENKEMPER, St. Katharinen 1987, S. 90–122

DIE VERHINDERTE WELTAUSSTELLUNG. Beiträge zur Berliner Gewerbeausstellung 1896, hrsg. vom Bezirksamt Treptow, Berlin 1996.

WEHLER, Hans-Ulrich, Das Deutsche Kaiserreich 1871–1918, 7. Aufl., Göttingen 1994

WEINDEL, Michael, Aschingerhaus, in: Aschingerhaus Oberderdingen, hrsg. vom Heimatkreis Oberderdingen (=Rundbrief Heft 24), Oberderdingen 2002, S. 203–205

WIEGAND, Erich, Versorgungslagen privater Haushalte zu Beginn des Zwanzigsten Jahrhunderts, in: Haushalt und Verbrauch in historischer Perspektive. Zum Wandel des privaten Verbrauchs in Deutschland im 19. und 20. Jahrhundert, hrsg. von Toni PIERENKEMPER, St. Katharinen 1987, S. 25–52

Bildnachweis

akg-images Berlin: S. 85
Privatbesitz Familie Gilly: S. 35, S. 135
Gemeinde Oberderdingen: S. 13–17, S. 49, S. 64, S. 106, S. 136, S. 141–145, S. 147
Bezirksamt Treptow von Berlin/Heimatmuseum Treptow: S. 46, S. 52–53
Landesarchiv Berlin: S. 26–27, S. 30–31, S. 33, S. 40–41, S. 43–44, S. 51, S. 62–63, S. 65, S. 67, S. 69, S. 71–73, S. 79, S. 87, S. 89, S. 91, S. 93–95, S. 98, S. 104, S. 109, S. 111, S. 114 u., S. 115 o., S. 116–117, S. 119
ullstein bild Berlin: S. 29, S. 130

Alle übrigen Abbildungen: Privatbesitz Karl-Heinz Glaser